中华精神家园

东部风情

两淮之风

两淮文化特色与形态

肖东发 主编　文杰林 编著

中国出版集团

现代出版社

图书在版编目（CIP）数据

两淮之风：两淮文化特色与形态 / 文杰林编著. —
北京：现代出版社，2014.5（2021.7重印）
　　ISBN 978-7-5143-2381-8

　　Ⅰ．①两… Ⅱ．①文… Ⅲ．①地方文化－研究－江苏
省 Ⅳ．①G127.53

　　中国版本图书馆CIP数据核字（2014）第085367号

两淮之风：两淮文化特色与形态

主　　编：肖东发
作　　者：文杰林
责任编辑：王敬一
出版发行：现代出版社
通信地址：北京市定安门外安华里504号
邮政编码：100011
电　　话：010-64267325　64245264（传真）
网　　址：www.1980xd.com
电子邮箱：xiandai@cnpitc.com.cn
印　　刷：三河市嵩川印刷有限公司
开　　本：710mm×1000mm　1/16
印　　张：11
版　　次：2015年4月第1版　　2021年7月第3次印刷
书　　号：ISBN 978-7-5143-2381-8
定　　价：40.00元

党的十八大报告指出："文化是民族的血脉，是人民的精神家园。全面建成小康社会，实现中华民族伟大复兴，必须推动社会主义文化大发展大繁荣，兴起社会主义文化建设新高潮，提高国家文化软实力，发挥文化引领风尚、教育人民、服务社会、推动发展的作用。"

我国经过改革开放的历程，推进了民族振兴、国家富强、人民幸福的中国梦，推进了伟大复兴的历史进程。文化是立国之根，实现中国梦也是我国文化实现伟大复兴的过程，并最终体现为文化的发展繁荣。习近平指出，博大精深的中国优秀传统文化是我们在世界文化激荡中站稳脚跟的根基。中华文化源远流长，积淀着中华民族最深层的精神追求，代表着中华民族独特的精神标识，为中华民族生生不息、发展壮大提供了丰厚滋养。我们要认识中华文化的独特创造、价值理念、鲜明特色，增强文化自信和价值自信。

如今，我们正处在改革开放攻坚和经济发展的转型时期，面对世界各国形形色色的文化现象，面对各种眼花缭乱的现代传媒，我们要坚持文化自信，古为今用、洋为中用、推陈出新，有鉴别地加以对待，有扬弃地予以继承，传承和升华中华优秀传统文化，发展中国特色社会主义文化，增强国家文化软实力。

浩浩历史长河，熊熊文明薪火，中华文化源远流长，滚滚黄河、滔滔长江，是最直接的源头，这两大文化浪涛经过千百年冲刷洗礼和不断交流、融合以及沉淀，最终形成了求同存异、兼收并蓄的辉煌灿烂的中华文明，也是世界上唯一绵延不绝而从没中断的古老文化，并始终充满了生机与活力。

中华文化曾是东方文化摇篮，也是推动世界文明不断前行的动力之一。早在500年前，中华文化的四大发明催生了欧洲文艺复兴运动和地理大发现。中国四大发明先后传到西方，对于促进西方工业社会的形成和发展，曾起到了重要作用。

　　中华文化的力量，已经深深熔铸到我们的生命力、创造力和凝聚力中，是我们民族的基因。中华民族的精神，也已深深植根于绵延数千年的优秀文化传统之中，是我们的精神家园。

　　总之，中华文化博大精深，是中国各族人民五千年来创造、传承下来的物质文明和精神文明的总和，其内容包罗万象，浩若星汉，具有很强的文化纵深，蕴含丰富宝藏。我们要实现中华文化伟大复兴，首先要站在传统文化前沿，薪火相传，一脉相承，弘扬和发展五千年来优秀的、光明的、先进的、科学的、文明的和自豪的文化现象，融合古今中外一切文化精华，构建具有中国特色的现代民族文化，向世界和未来展示中华民族的文化力量、文化价值、文化形态与文化风采。

　　为此，在有关专家指导下，我们收集整理了大量古今资料和最新研究成果，特别编撰了本套大型书系。主要包括独具特色的语言文字、浩如烟海的文化典籍、名扬世界的科技工艺、异彩纷呈的文学艺术、充满智慧的中国哲学、完备而深刻的伦理道德、古风古韵的建筑遗存、深具内涵的自然名胜、悠久传承的历史文明，还有各具特色又相互交融的地域文化和民族文化等，充分显示了中华民族的厚重文化底蕴和强大民族凝聚力，具有极强的系统性、广博性和规模性。

　　本套书系的特点是全景展现，纵横捭阖，内容采取讲故事的方式进行叙述，语言通俗，明白晓畅，图文并茂，形象直观，古风古韵，格调高雅，具有很强的可读性、欣赏性、知识性和延伸性，能够让广大读者全面接触和感受中国文化的丰富内涵，增强中华儿女民族自尊心和文化自豪感，并能很好继承和弘扬中国文化，创造未来中国特色的先进民族文化。

　　　　　　　　　　　　　　　　　　　　　　　　　　　　　青云发

　　　　　　　　　　　　　　　　　　　　　　　　　　2014年4月18日

文明开化——古老历史

辉煌篇章——两淮底蕴

古老历史

　　两淮地区一般来讲包括河南、山东的南部，江苏、湖北的北部，还有安徽省的中部。其实也就大致相当于淮河流域。两淮是古代夷族的居住地，所以两淮文化与淮河文化和夷族文化，在历史上就是共存共荣的。

　　早在旧石器时代，淮河流域就有人类活动，已经发现的远古时代的文化遗址，就达100多处。如位于沂河上游的沂源1号遗址，位于淮河中游的江苏省盱眙县下草湾遗址，位于淮河下游的苏北连云港桃花涧遗址，以及淮安青莲岗文化遗址。

古老淮河孕育原始人类

在远古时期，我国从西向东有3条江河，北方的一条水是黄色的，人们称为"黄河"；南方的一条水系很长，而且水流得很快，人们就叫它为"长江"；中间的一条按照方位人们叫它"中河"。由于中河

原始社会狩猎浮雕

富饶秀美、气候宜人，引得古人纷纷来此集居。

古人类捕鱼场景

随着时光的推移，人们觉得中河名只能反映它的位置，而不能反映它的自然美，于是，就有传说说轩辕黄帝的史官仓颉就依据古淮河比长江、黄河都短，而且淮水美丽就像佳鸟的短尾，用象形字"水"与"佳"合并，创造了"淮"字，并将中河这个名字改为"淮河"。

关于淮河的名字，还有一个传说。

3000年前，有一条河流在芦苇与野草中静静地流淌，有一种短尾鸟一群群地栖息在河边，停止了白日的聒噪。偶尔有野兽的叫声，那是从山上如盖的森林中传来的。

弱肉强食的自然法则使山、水、鸟、兽处于一种自然状态下的平衡与平静。人们称这种鸟叫"淮鸟"。而那条奔流不息的河因为生存着大量淮鸟，所以得名"淮水"。

史官 我国历代均设置专门记录和编撰历史的官职，统称为史官。各朝对史官的称谓与分类多不相同，主要可以分为记录类和编纂类。史官刚刚出现时以及发展过程中的很长时间，这两者没有大分别，后来演化出专门负责记录起居注史官和史馆史官，前者随侍皇帝左右，记录皇帝的言行与政务得失，皇帝不能阅读这些记录内容，后者专门编纂前代王朝的官方历史。

■ 复原古人制陶场景塑像

淮文化特色与形态

洪泽湖 是我国第四大淡水湖，位于江苏省西部淮河下游。原为浅水小湖群，古称富陵湖，两汉以后称破釜塘，隋代称洪泽浦，唐代始称洪泽湖。其整个形状很像一只昂首展翅欲飞的天鹅。历史上的洪泽湖，由于黄河长期夺淮，洪水泛滥，决堤、垮坝经常发生，洪涝灾害频仍。因而洪泽湖的历史也就是一部人类与洪水的抗争史，并因此留下诸多美丽的传说。

淮河是我国一条古老而又独具地域特色的河流，是苏、鲁、豫、皖人民赖以生存和发展的基础，是中华民族5000年文明史的主要发源地之一。它以深厚的文化底蕴，悲壮的历史沉积将我们带入了博大的淮河文化空间。

早在旧石器时代，淮河流域就有人类活动，已经发现的远古时代的文化遗址，就达100多处。如位于沂河上游的沂源1号遗址，位于淮河中游的江苏省盱眙县下草湾遗址。

山东省沂源县历史悠久、古老神奇，早在四五十万年前与"北京猿人"同期的"沂源猿人"就在这里繁衍生息，是山东人的远祖。

沂源猿人化石发现于沂源县土门镇九会村东北1000米处、骑子鞍山东山根、下崖洞南60米处，为猿人头盖骨化石两块，眉骨两块，牙齿8颗、肱骨、股骨、肋骨各一段及伴生动物骨骼化石10余种。

经鉴定，这些化石确系旧石器时代的猿人遗骸，并且属于两个猿人以上的个体出土的古人类化石点，与举世闻名的"北京猿人"处于同一时代。

江苏"下草湾人"也称"下草湾新人"。是在江苏省泗洪县双沟镇东南8千米处发现的一段骨头化石，为更新世晚期人类的化石，距今四五万年。

"下草湾人"股骨化石的发现，打破了"南方更新世晚期的地层中无原始人类踪迹可寻"的论点，证明下草湾是江苏人类乃至我国人类的发源地之一。

历史上泗洪县当地水患一直不断，传说古时候，由于一个下草湾的年轻后生路过洪泽湖，与湖中的王母娘娘相遇，王母娘娘看他不仅人长得英俊，而且才学也很出众，于是便向他求婚，但他执意不从。王母娘娘一气之下，便借来东海水淹了泗洪。

泗洪县双沟镇早在宋时形成集市，因面临淮河得名顺河集，又名"水集"，后因东西两侧各有一条流水大沟而得名"双沟"。

1689年称"双沟镇"。1736年至1795年以镇扼淮、湖，"分泗州同知驻双沟"。

下草湾位于泗洪县双沟镇东南，南临淮河，北滨洪泽湖。由于

泗洪县 位于我国江苏省西北部，东临洪泽湖。泗洪历史悠久，人杰地灵，西周时为徐国中心，南北文化交汇处，与中原文化、吴越文化、楚文化相互渗透、融合，形成璀璨夺目的古徐国文化之主体。后为泗州本州。境内分布着吕布辕门射戟台、鲁肃故里子敬泉、隋朝开凿的通济渠等古迹名胜。

■ 沂源原始人

滨湖湾，而且有广泛的水草资源，故称"下草湾"。

历史上因洪水泛滥，双沟镇东西两侧被洪水冲刷成两道大沟，明代人称"双溪镇"，后来，泗州州守王如玖改双溪镇为"双沟镇"。

含有古脊椎动物化石的下草湾土层的地质结构为湖相沉积区，其岩性特征为灰绿色与紫红、褐色泥浆，并普遍含有高岭土矿物，因此，下草湾地层被称为"下草湾高岭土地层"，这一地层是地质年代中新世的典型地层。

淮洪新河东岸有一段人类化石，经鉴定为右侧股骨化石，化石长15厘米，为股骨的上半段，小转子基部以上已经完全缺损。从形态上看，有股骨结存在。骨表面布满长尾纤孔，确定为人类的股骨。

从其石化的程度计算，以及从海绵骨质的空隙中填土来判断，确定为相当早人类化石。经测定，这段股骨含氟量为0.3%，而新石器时代和现代人股骨的含量为0.15%，下草湾系土层中发掘的巨河狸化石含氟量为2.28%，说明这段骨化石的年代较现代人早，比巨河狸晚。

这段股骨侧面直平，同北京猿人股骨相似，不同于现代人股骨的向前弯曲。股骨上部的扁平度介于北京人与现代人之间，而与尼安德特人相近。股骨下端骨壁的厚度和髓腔大小

刮削器 是石器时代人们用石片制成的一种切割和刮削的工具。因形状不同，可分为长刮器、短刮器和圆刮器等。这种刮削器的用途很多，主要是在分割禽兽的肉时使用，可以用来切割肉、刮掉骨头上的肉。另外也可以用来制作木制品、竹制品，比如刮去树皮制作棍棒，制作篙等。

■ 原始社会中的男性形象

的比例，远比北京猿人小。

在下草湾东南的火石岭，有与下草湾新人同时期的旧石器遗址，面积约1500平方米，发现了刮削器、尖状器等石器。这说明，这段股骨为更新世晚期人类的化石，距今四五万年。

所谓"新人"的分类，是根据我国旧石器时代的地质年代来划分的，旧石器时代晚期的人称"新人"。我国已发现的人类化石和工具，已经从早更新世一直排至晚更新世，基本上有了一个人类发展的轮廓和顺序。

"下草湾人"是住在濒水的高陵地带，环境决定了他们的生活文化层不容易保存。不像同一时期的"山顶洞人"。由于住在山洞中，环境比较干燥，所以比较好保持当时的生活形态，考古挖出来不少他们当时的石制工具。

下草湾有一个像小岛的地带。传说是洪泽湖古时候通大海，一个乌贼精在这里作祟，把这里的沙子都拱起来形成的。

也有传说，很久以前，东海有一条黑龙偷食了龙王敖广的黑珠，犯下天条，被玉帝派天兵天将追杀，于是逃到下草湾，钻进湖底藏身，这条黑龙在湖底翻了个身，拱起一片沙滩，就形成了这个小岛。

■ 远古动物骨片

玉帝 也就是玉皇大帝，居住在玉清宫。道教认为玉皇为众神之王，在道教神阶中修为境界不是最高，但是神权最大。玉皇大帝除统领天、地、人三界神灵之外，还管理宇宙万物的兴隆衰败、吉凶祸福。在中华文化中，玉皇大帝被视为宇宙的无上真宰，地球内三界、十方、四生、六道的最高统治者。

但同是晚期智人，"下草湾人"应该也会制作一些简单的石头工具，应该过着原始的群居生活，并用这些工具在林间打猎小型动物。

也许是受同类排挤，她不得不独自一人去狩猎，来到了下草湾；也许是早期人类的生存法则，每一个成年人必须独自生活；也许是因饥饿困扰，她不得不离开丛林，到水边开阔地，也是最危险的河湾去寻找食物。

也许她遇到了猛兽、食人飞鸟或吃人的鳄鱼，于是她香消玉殒，只剩下一段15厘米的股骨头。在5万年后，她最终被她的后代发现。

下草湾一带不仅有古人类活动遗迹，还有相当丰富的动物化石，如中国大河狸、纳玛象、剑齿象、四不像、无角犀、原始牛及众多的淡水动物化石。这些动物和蚌类都是下草湾人不可缺少的食物资源。

下草湾人应该以渔猎为主，辅以采集，过着捕鱼拾蚌，采果打猎的"攫取性经济"生活。

从这些动物化石来看，5万年前的下草湾生态环境非常好。那时候气候应该很温润，有茂密的森林、成群的动物和踽踽独行的我们人类的祖先"下草湾人"。

阅读链接

1954年治理淮河时，中国科学院古脊椎动物与古人类研究所所长、地质学家、古生物学家杨钟健教授来到下草湾水利工地考察古生物，发现巨河狸及其他一些古脊椎动物化石。

杨钟健教授在考察巨河狸和其他古脊椎动物时，于淮洪新河东岸，采集到一段人类化石，经鉴定为右侧股骨化石。

后这段股骨化石又经著名古生物学家吴汝康、贾兰坡两位教授研究，他们认为这段股骨同北京猿人股骨相似，不同于现代人股骨。介于北京人与现代人之间，而与尼安德特人相近。

和县人薪火照亮古文明

　　"和县猿人"是在安徽和县西北约45千米善厚镇陶店汪家山北坡龙潭洞发现的直立人化石之一，包括一个我国唯一保存完好的猿人头盖骨化石、两块头骨碎片、一块破碎的下颌骨和9枚零星的牙齿。

　　与和县猿人共生的哺乳动物化石达40多种，其中有华南大熊猫——剑齿象动物群中的许多典型代表。

　　和县猿人的发现，填补了安徽省旧石器时代的空白，尤其完整的

古人类遗址中出土的骨片

两淮之风

两淮文化特色与形态

古人类狩猎艺术雕像

新构造运动 主要是指我国喜马拉雅地带的运动，特别是上新世到更新世喜马拉雅运动的第二幕中的垂直升降。一般来说，新构造运动隆起区现在是山地或高原，沉降区是盆地或平原。地质学中一般把新近纪和第四纪时期内发生的构造运动称为新构造运动。

头盖骨化石的发现更是举世瞩目。

龙潭洞海拔23米，洞穴古老，泉溪清澈，大旱不干涸，故名"龙潭洞"。和县猿人生活时期的古气候为亚热带气候，自然环境是：山上有茂密的森林，山下北面有滁河，河两岸为宽阔的旷野，有大片的草原和湖沼。当时，这里生活有大量的古脊椎动物。

大约260万年前，由于新构造运动，大气环流发生变化，西北冬季风逐渐增强，全球变冷，冰川发育，并伴随多次气候冷暖波动，以秦岭为界的南北气候格局基本形成。

至此，秦岭以北的广阔地域便在西北季风控制之下，形成了干旱的气候，累积了厚厚的黄土。这样的生态环境是不适宜远古人类生息的。

而在秦岭以南，由于处在东南和西南季风控制之下，气候湿润，植被繁茂。不言而喻，这样的生态环境才是远古人类生息的理想家园。

人类群体中，最先进入这片沃土的，当然是能够直立行走、能够制造工具的远古先民。

龙潭洞中的一具猿人头盖骨化石包括4颗猿人上白齿化石，一段左下颌骨化石。这件罕见的完整头盖骨化石堪称举世瞩目的珍宝。

这是我国继北京周口店和陕西蓝田之后第三个发现猿人头盖骨化石地址。

龙潭洞中还存有密集且种类繁多的动物化石，有哺乳类、鸟类和爬行类等。另外还有一部分粗陋的骨器和火烧骨片、灰烬等。

据推断，"和县猿人"头盖骨化石为一个20岁左右男性青年所有，属新生代第四纪中更新世地质时代，距今三四十万年。

和县猿人头骨具有许多与北京猿人相似的特征。如颅穹窿低，颅最大宽位于两侧外耳门附近，额骨扁平和明显向后倾斜，具有矢状脊，眉脊和枕脊均发达，颅骨很厚，枕骨枕平面与项平面交界呈明显角状转折。

颅骨的多项测量也和北京猿人近似。脑量约为1025毫升。

此外，和县猿人头骨又显示出若干较为进步的特征，例如眶后缩窄不如北京猿人那样明显；颞鳞高，而且其顶缘呈弓形隆

■ 和县猿人头盖骨化石

■ 早期直立人

扬子鳄 是我国特有的一种鳄鱼，是世界上体型最细小的鳄鱼品种之一。它既是古老的，又是现在生存数量非常稀少、世界上濒临灭绝的爬行动物。在扬子鳄身上，至今还可以找到早先恐龙类爬行动物的许多特征。所以，人们称扬子鳄为"活化石"。

起。根据以上初步描述，和县猿人的系统位置可视为与北京猿人的晚期代表相当。

和县猿人化石伴生的脊椎动物化石约50余种。

爬行类有龟、鳖、扬子鳄等；鸟类有马鸡；哺乳类有田鼠、大鼠、硕猕猴、狼、豺、狐、猪獾、水獭、中国鬣狗、剑齿虎、中华猫、豹、大熊猫、棕熊、东方剑齿象、马、中国貘、额鼻角犀、李氏野猪、葛氏斑鹿、肿骨鹿、麋、野牛等。和县动物群是南、北型动物互相混合的过渡类型。

和县猿人的地质时代属于更新世中期，与北京猿人化石产地第三四层的时代相当。根据该动物群与深海沉积物的对比结果，认为其地质时代相当于海洋的氧−18的第八阶段，绝对年龄距今约28万年至24万年。

用热释光法和铀系法测得年代距今20万年内，氨基酸法和电子共振法测得年代20万年至30万年。

和县猿人的声望虽然不高，标本却相当完好。就同时期的人化石来说，其完整性只有北京猿人可以与之相比。

"和县猿人"及其动物群的重大发现，对于研究人类起源和发展，南北早期人类在演化上的差异、关系、位置、特性，长江流域的发育史，对于研究第四纪动物的迁徙、古地理和古气候的演变有十分重要的价值，也为中华民族文化渊源提供了极其珍贵和重要的依据。

在此之前，普遍认为黄河流域是中华民族文明的唯一摇篮。"和县猿人"的发现，证实早在新生代第四纪更新世中期，也就是距今三四十万年前，那里就有人类生存活动，说明了长江流域与黄河流域都是中华民族文明的摇篮。

这真是：

龙潭四十万年前，开辟洪荒别有天。
文化映辉周口店，族缘流胤系蓝田。
全凭赤手营生计，端赖群居斗自然。
华夏文明人类史，从此发掘写新篇。

文明开化
古老历史

阅读链接

1973年，因修水利炸山开渠，大量化石露出地表，群众称其为"龙骨"。

1979年春，安徽省水文队在进行地质普查时，采集了一些化石，并致信中国科学院希望派人帮助鉴定历史年代。同年秋，中国科学院古脊椎动物与古人类研究所助理黄万波回到研究所，在办公室后的一件邮件盒里发现一些化石，其中有猿人的牙齿，引起了他的重视。

10月27日，由中科院古脊椎动物与古人类研究所彭春和黄万波、安徽省文物队的方笃生、和县文化馆的叶永旭、范汝强组成的发掘队到龙潭洞。

11月初，他们在工作面西端中发现一具猿人头盖骨化石，4颗猿人上白齿化石，一段左下颌骨化石。这件头盖骨化石后被专家研究后命名为"和县猿人"。

音乐文明起源贾湖文化

贾湖文化是新石器时代前期文化，发现于我国河南省漯河市舞阳县北舞渡镇贾湖村遗址。

贾湖遗址是淮河流域年代最早的新石器时代文化遗存，提供了结合黄河中游至淮河中下游之间新石器文化关系的一个连接点。

原始人类劳作场景

贾湖遗址坐落在贾湖北岸，南距舞阳县城20多千米，东距北舞渡镇3千米，这里自古以来气候湿润，河流纵横，是人类生息繁衍的理想境地。贾湖村东为泥河洼滞洪区，面积约103平方千米，中心区最低点海拔63.8米。

贾湖文化遗址平面呈不规则的圆形，总面积55000平方米。发现许多人骨和红烧土，还在红烧土上发现有稻壳印痕。

房址、窑穴、陶窑、墓葬、兽坑、壕沟等各种遗迹近千处，陶、石、骨器等各种质料的遗物数千件，特别是大量的栽培粳稻、30余支多音阶鹤骨笛尤其特殊。

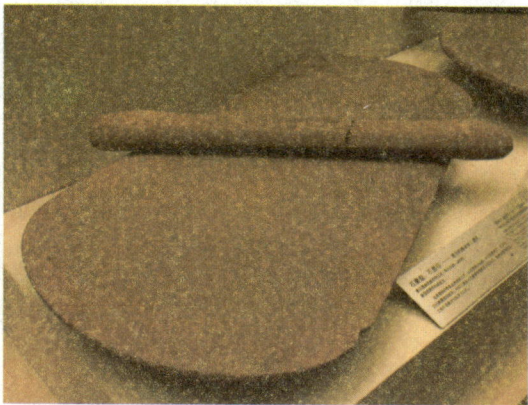

■ 贾湖遗址出土的石磨石棒

另外，在贾湖遗址出土的遗物中，发现了16例刻画而成的符号。这些符号分别刻于14件龟甲、骨器、石器和陶器上。其中龟甲符号9例、骨器符号2例、石器符号2例、陶器符号3例。

有些从其形状看，具有多笔组成的结构，应承载契刻者的一定意图。如刻于龟下腹甲右侧的近似甲骨文的"目"字、刻于残腹甲上的"曰"字等。

这些符号具有原始的性质，与商代甲骨文有某种联系，而且很有可能是汉字的滥觞。

贾湖所在地区，具有丰富的动植物资源，贾湖人又有发达的稻作农业，为他们提供了丰富的动物类食品和植物类食品，也为巫师阶层的形成和精神文化的创造提供了物质基础和前提条件。

物质生活和精神生活的丰富，为原始文字的产生提供了必要性和可能性，贾湖原始文字便应运而生了，从而奠定了汉字8000多年的基础。

当然，贾湖文化中最著名的是舞阳贾湖骨笛，这

漯河 位于我国河南省中部偏南。历史悠久，早在商周时期，漯河小镇就逐渐形成，因濒临隐水故称"隐阳城"。东汉时期著名的经学家和文字学家许慎诞生于漯河召陵，他编纂的《说文解字》是我国乃至世界最早的字典，被誉为"文宗字祖"。

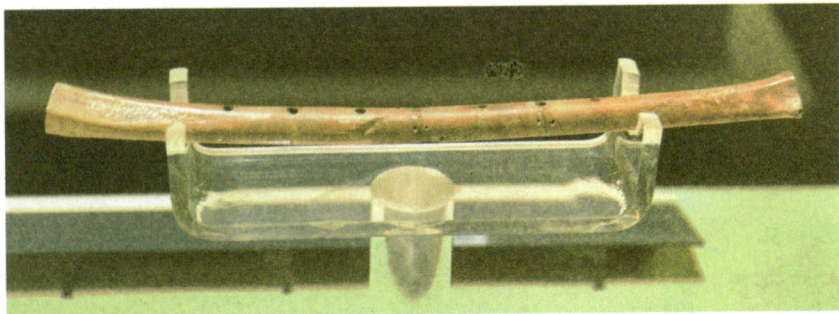

我国最早的吹奏乐器"贾湖骨笛"

曾侯乙编钟 我国战国时早期文物，由65件青铜编钟组成的庞大乐器，其音域跨5个半8度，12个半音齐备。它高超的铸造技术和良好的音乐性能，改写了世界音乐史，被中外专家、学者称之为"稀世珍宝"。

笛 一种吹管乐器。我国笛子历史悠久，可以追溯到新石器时代。那时先辈们点燃篝火，架起猎物，围绕捕获的猎物边进食边欢腾歌舞，并且利用飞禽胫骨钻孔吹之，当时，该物品最重要的用途是用其吹出来的声音诱捕猎物和传递信号，这就是出土于我国最古老的乐器——骨笛。

016
两淮之风

些骨笛是用鹤的翅膀上的骨头做的，其中有一根鹤笛，8个音阶，仍然可以吹奏。

经严格检定，这些舞阳贾湖骨笛制于8000多年前，多为7孔，取其中保存完整者，用竖吹方法测试，可奏出六声音阶的乐音，和现代乐器相比，那根可以吹奏的骨笛上的孔的位置非常精确，8度音和现代乐器的音的频率非常接近。

贾湖文化遗址的骨笛是世界上发现年代最早，至今尚可演奏的乐器，反映了我国史前音乐文明的高度发达，这是我国音乐文明起源中除湖北省曾侯乙编钟和编磬之后的又一重大发现。

贾湖骨笛的出土地点，靠近传说中夏代的夏台，这就证明，夏代活动的中原区域，正是我国音乐高水平发展的地区。传说中夏代乐舞明显超越前代，是完全可以理解的。

大约在公元前21世纪夏代建立以后，我国古代的乐舞才真正作为一种社会分工，从社会中取得独立。

传说夏代初期的国君启和最后的国君桀，都曾用大规模乐舞供自己享乐，说明终夏一代，社会已造就出一大批专职的乐舞人员，这正是乐舞作为艺术而独立于社会的标志，中原也是我国古代宫廷内贡乐贡舞的源头。

贾湖遗址中发现的骨笛达30多支，除去半成品和残破者外，有17支出土时比较完整。但因长时间在地下叠压，有些骨笛取出来时已经成粉末状。

真正比较完整的骨笛有6支，一支5孔，一支6孔，3支7孔，一支8孔。

贾湖文化遗址发掘出窑穴370座，陶窑13座，陶器有陶鼎、陶罐、陶壶、陶碗、陶杯、陶豆、陶觚。其中盛酒陶器，具体生产年代确定为距今8600年至9000年。

舞阳贾湖红陶、舞阳大岗彩陶、舞阳阿岗寺亮黑蛋壳陶、舞阳善德灰陶等舞阳境内贾湖周边发现的同时代陶瓷，被统称为"贾湖陶瓷"。

贾湖遗址发现的龟甲上的契刻符号，除了是我国最早的文字雏形，也可能反映了我国早期的龟灵崇拜，是最原始的宗教信仰；稻作遗存、狩猎、捕捞和聚落布局反映了当时人类社会生活的情况。

龟甲 我国古代占卜时，用火灼烤龟甲时会发出"噼啪"之声，这种声音往往被理解是神在传达旨意。刻录卜辞内容时另一个重要的依据，是与龟甲之声同时出现的龟甲裂缝，在占卜者看来它充满无穷的玄妙。另外甲骨文是龟甲、兽骨文字的简称，全称"龟甲兽骨文字"，也称"龟甲文"。

■ 贾湖遗址出土的骨匕

根据对贾湖陶器壁上的附着物进行化验分析，结果证明，附着物内发现有酒石酸的成分，表明9000年前，我国先民已会酿酒。被证明是世界上最早的"酒"，其原料主要有稻米、山楂、蜂蜜等。

　　贾湖遗址的墓地比较集中，多成片出现，有的重复埋葬出现叠压。房址大多为椭圆形，结构以半地穴式为主，多为单间，有少量依次扩建的多间房。

　　房址内有灶台、柱洞等。窑址较小，有窑室、火门、烟道和烟孔，有的保留有窑壁和火道。

　　8000年前，生活在我国淮河流域的贾湖人创造出的文化，其音乐文化、稻种文化和宗教文化已相当发达，表明淮河流域是中华民族摇篮的重要组成部分。

　　贾湖遗址文物数量之多，品类之盛，制作之美，内涵之丰富，为全国其他同期遗存所罕见，再现了8000年前人类生活的景象，是中华民族历史长河中第一个具有确定时期记载的文化遗存，堪称"人类从愚昧迈向文明的第一道门槛"。

阅读链接

　　1962年，舞阳县文化馆文物专干朱帜，下放到贾湖村劳动。

　　一次他在劳动时，发现村东的沟底有许多陶片，于是在这一带进行了细心勘察。他在废弃的井壁、断崖、沟坎上同样发现了许多人骨和红烧土，还在红烧土上发现有稻壳印痕。

　　1978年秋的一天，贾湖小学教师带领学生到堤外平整土地，发现了散落在地的石斧、石铲和破碎的陶片等，他于是和学生们一同将这些东西交到县博物馆。

　　朱帜这时任县博物馆馆长，他确认贾湖遗址是一处裴李岗文化性质的重要遗址。

　　1980年，河南省博物馆考古队到舞阳调查，确认贾湖遗址为新石器早期文化遗存。

原始文化点亮两淮文明

在新石器时代，淮河流域人类活动更为活跃，从仰韶、青莲岗、北辛等100多处文化遗址中发现的遗物证明，淮河流域在数千年以前已经有了农业和畜牧业。

从漫长的文化史分析，淮河文化源于长江流域的楚文化，兴盛于淮河流域的宋、明文化，并与中原文化汇合，才使我国进入炎黄同尊、龙凤呈祥的时代。

青莲岗文化是新石器时代的文化，以江苏省淮安县青莲岗遗址命名。主要分布在山东省中、南部和江苏省北部汶、泗、沂、沭诸水与淮河交汇的黄淮地区，中心在淮河下游平原。

大汶口文化狗形鬶

除青莲岗外，主要遗址

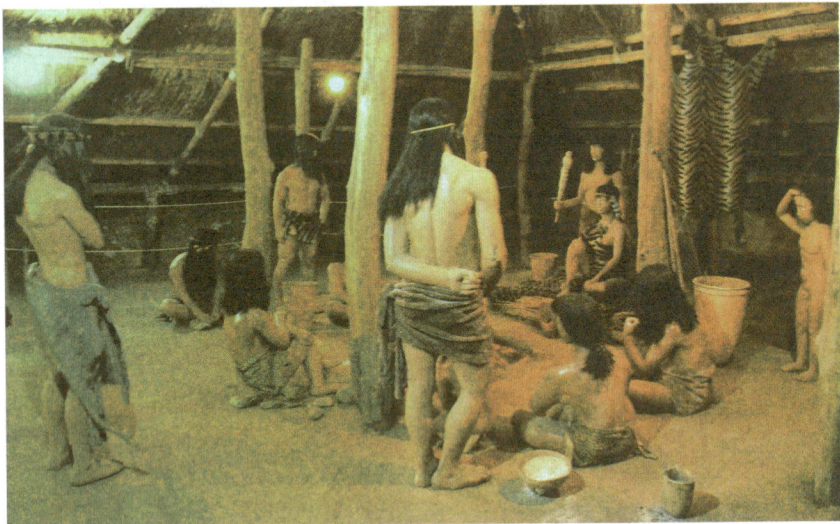
■ 原始人类生活场景

陶器 是用黏土烧制的器皿。质地比瓷器粗糙，通常呈黄褐色，也有涂上别的颜色或彩色花纹的。新石器时代开始大量出现。陶器的发明是人类文明的重要进程，是人类第一次利用天然物，按照自己的意志创造出来的一种崭新的东西。

还有江苏邳县大墩子下层、连云港市二涧村和大村、阜宁梨园，山东滕县北辛、兖州王因底层、泰安大汶口底层等，年代约为公元前5400年至前4400年，大汶口文化为其主要的后续文化。

从青莲岗和大墩子的房屋残迹，可以看出是在地面营建的，出现了木柱泥墙的分体结构。面积为二三十平方米。居住面普遍经火焙烤。墙壁是用植物秆涂泥后经火烤干的，质地坚硬表面平整。

柱洞底一般垫置石础以支撑木柱，并填塞烧土屑。发现墓葬甚少。在二涧村和大村发现的都是单人仰身直肢葬，头向东。多数墓有陶器或石器、骨器随葬，但数量很少。人的头部大都用一个红陶钵覆盖，这是青莲岗文化埋葬习俗的重要特点。

北辛文化遗址是我国黄淮下游的一种原始社会较早期的文化遗址，主要分布于泰沂山系南北及江苏淮北地区的60多处。

北辛文化揭示了七八千年前我们的祖先在此定居并繁衍生息的生活情形，为中华东方文明找到了渊源，代表了两淮地区中华民族辉煌的历史文明。

北辛文化遗址包括灰坑、窖穴、墓葬在内面积约2600平方米，有各类石器、陶器、骨器、蚌器等文物2000余件，属山东省新石器时代的最早遗址，也是母系氏族社会最繁盛阶段，比大汶口文化早1000多年。

北辛文化除胶东半岛外，还包括山东省环鲁中南山地周围的兖州、曲阜、泰安、平阴、长清、济南、章丘、邹平、张店、青州、莒县、临沭和滕县等地。

北辛文化已形成完整的聚落，房址均为半地穴式建筑，墓葬流行长方形土坑竖穴墓，无葬具，生产工具主要是石器，骨、角、牙、蚌器十分发达，制作工艺以磨制为主。

造车始祖奚仲，是历史记载中第一个走入中原

奚仲 造车鼻祖。奚仲因造车有功，被夏王禹封为"车服大夫"，也称"车正"，奚仲是古薛国地面上出现最早的，也是最大的发明家、政治家，过世后被百姓奉为车神，后人修建了奚公祠常年祭拜，以求出行平安。

■ 氏族社会时期的村庄

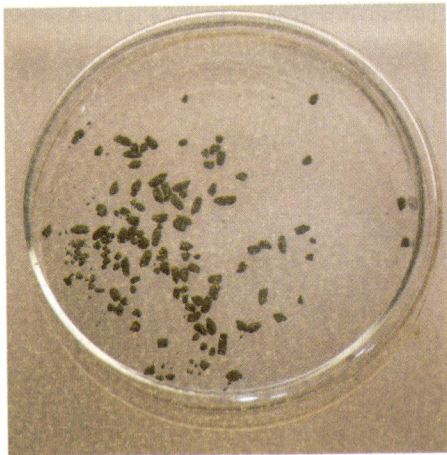
■ 碳化的农作物种子

两淮文化特色与形态

夹砂陶是我国古代陶器的一种。为使陶坯烧制受热时不易裂开,特意在陶土中掺入一定数量的砂粒和其他碎末,所以称这种陶器为"夹砂陶"。不但在受高温焙烧下不变形,而且制成的陶器可多次受热,可当作炊器使用。

的北辛文化代表人物。然而,跟随他走进中原的不仅仅有马车,许多北辛文化的核心价值元素,也随着那道马车的辙印汇入大禹的治国理念当中。

历史记载奚仲曾任夏"车正",也就是管理车辆制造及"车服礼仪"的官员。

"番禹作舟""奚仲造车"等的历史记载,从侧面彰显北辛文化在当时所达到的文明高度,铭记了北辛先民们为完善民族早期文化体系做出的贡献。

北辛文化跨越分为早、中、晚3个阶段,早期约在距今7300年至6800年,中期距今6800年至6400年,晚期距今6400年至6100年。

表现在北辛文化中的农业特征,一是粟粒碳化颗粒的发现;二是大量磨制生产工具的出土。

在一些窖穴的底部,发现了粟类作物的颗粒,这些碳化了的粟颗粒,是我国北方发现较早的农作物之一,这说明了农业生产是他们生活资料的主要来源,也是定居生活赖以生存的重要保障。

粟是耐旱作物,从地理环境、土质和气候方面观察,北辛文化所处的地带是非常有利于古代人类的居住和古老的农业生产的。

因为这一地区的降水量集中于夏季,不及南方年平均降水量,所以,北辛文化的居民很自然地选择具有耐旱早熟之特点的粟作为主要农作物。

粟的发现不仅证实了我国有发达的原始农业，同时还证实我国是世界上最早的农业发达国家之一。

北辛文化遗址的农具从翻地的石铲、鹿角锄、播种用的尖状角器，至收割用的蚌镰，脱粒用的石磨盘，石磨棒等，对研究当时的农业生产状况起到了很重要的作用。

北辛文化的陶器工艺较为原始，陶质有夹砂陶和泥质陶两种，纹饰有附加堆纹、划纹、指甲印纹等，说明手工业在北辛时期也出现了萌芽。代表器物为黄褐陶鼎。

遗址中有盖鼎、红顶钵、指甲印纹钵、红陶壶，说明当时的制陶烧陶技术已比较先进，这些器物不仅讲究实用性，而且还讲究艺术性。

特别是红顶钵，为东方的彩陶找到了渊源。在一件陶器的底部还发现了一对酷似鸟足的刻画符号，被誉为"文字的起源"和"文明的曙光"。

北辛文化的人们除农业生产劳动外，狩猎、捕捞和采集仍是不可缺少的生存手段。遗址中大量的骨镞、鹿角矛形器、弹丸、骨鱼镖、陶网坠、骨梭。

同时，北辛文化遗址中数量相当多的兽骨、鱼骨和贝壳，经鉴定，有猪、牛、梅花

黄褐陶鼎 是我国古代使用的炊器。夹砂黄褐陶，火候较低，质地粗疏，手工制作。口微敛，腹深微鼓，下收成尖底，圆锥状高足。口沿外有一周锯齿状窄条堆纹和两两对称的4个小鼻。有盖，呈覆盆状，上置弧形提手。盖与腹部均饰短窄条堆纹组成的曲折纹，壁上残存加工时所留细篦状痕。器形朴实，装饰简练。

■ 北辛文化陶器

古生物化石

鹿、獐、四不像、貉、獾、鸡、龟、青鱼、丽蚌、田螺等种类。

遗址中还发现了家猪型的头骨，刷新了我国的养猪史。

综上所述，在距今7000多年以前的时代，自然气候和地理环境都与现在有着很大的差异，我们的祖先在那样的条件下，在这块古老的土地上，用粗笨的生产工具发展生产，过着较稳定的定居生活，确是一件了不起的事情。

北辛文化是两淮地区新石器时代的一次重要发现，是山东大汶口文化发展的源头，她将山东的始前考古向前推进了一大步，具有重大的历史意义。

阅读链接

1951年，当时的治淮工作队对淮安市楚州区宋集乡的黑土塘进行调查，发现大批文化遗迹。由于该遗址早经破坏，只做过清理。

当时估计其年代是在龙山文化兴起之后，并有可能受到某些青铜文化的影响。

1956年全国考古会议上提出了青莲岗文化的称谓，1958年正式予以命名，但把它同北阴阳营遗存视为一体，认为是受龙山文化影响较深而同时又有仰韶文化成分的文化。

淮夷先民融入华夏文明

两淮文化非常古老，在中华文明起始的最初阶段，在淮河两岸就已经生活着我们的先民夷族。

淮河流域的先民被称为"淮夷"，《诗经》《春秋》《左传》都有关于淮夷的记载，该淮夷部落英勇、强悍、善射。

英勇彪悍的远古人

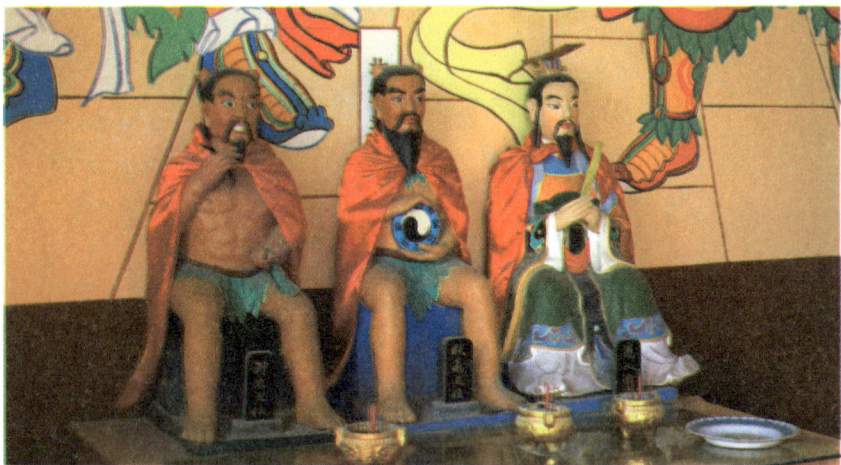

■ 上古时代的三皇
塑像

两淮之风

两淮文化特色与形态

神农氏 是五氏中出现的最后一位神祇，是我国古代神话人物。传说因为他的肚皮是透明的，可以看见各种植物在肚子里的反应。这样能分辨什么植物可以吃，什么植物不可以吃，他还亲尝百草，以辨别药物作用，并以此撰写了人类最早的著作《本草》、教人种植五谷、豢养家畜，使中国农业社会结构完成。

夏、商、周朝都与淮夷部落发生过交往与战争。被称为中华人文之祖、上古"三皇"之一的伏羲从渭水之滨来到淮河流域，并在淮阳建立都城；另一位"三皇"神农氏也曾在泗水之畔的曲阜建都。

经过数千年的历史冲撞与磨洗，历经东西文化的交流与融合，终于形成了贯通东西、独具特色的淮河文化。

"东夷"作为一个名词则来自于周代，因为周室相对于东方诸夷部落来自于西部。周人为了记述历史，就把中原以东的众部落称为东夷，事实上他们只有一个部落自称为夷。后来这个词被用来借指史前生活在今山东、淮河地区，活动在泰山周围的被称为夷的众多部落、方国。

东夷文明作为华夏文明的一个有机组成部分，有人认为是后李文化，历经北辛文化、大汶口文化、龙山文化、岳石文化，都是东夷文明，创造出了灿烂辉煌的文明。

同西方戎羌各部文明、南方苗族各部文明，一同构成了整个华夏文明初始的系统体系，是黄河文明乃至整个华夏文明的主体和渊源之一。

据《后汉书·东夷传》记载，夷有九种。在古代，九不是实指，而是"数量很多"的意思。也就是说，东夷族是由大大小小很多个部落组成的庞大部族和部落联盟。其中最主要的有风姓部落、姜姓部落、嬴姓部落、姚姓部落等。

在东夷族的历史上，最为著名的部落首领有太昊伏羲氏、蚩尤、少昊、大舜等。

太昊又作太皞，据《左传》昭公十七年，太昊部落活动的中心地区在陈，也就是后来的河南淮阳。

太昊伏羲氏风姓，以龙为图腾。据《白虎通》和《新语》记载，伏羲氏定人道，创八卦，并且还发明了五十弦的瑟等乐器，设官分职，制礼作乐，进入文明社会。

蚩尤是东夷族的又一个重要的部落。蚩尤曾一度是一个以武力强盛称雄天下的部落集团，蚩尤姜姓，炎帝后裔，他的部落有81个氏族组成。

八卦 源于我国古代对宇宙的生成、日月的地球的自转关系，以及农业社会和人生哲学互相结合的观念。最原始的资料来源于西周的《易经》，内容有六十四卦。八卦相传是伏羲所造，后来用于占卜。八卦代表了我国早期的哲学思想，除了占卜、风水之外，影响涉及中医、武术、音乐等方面。

027

文明开化

古老历史

■ **伏羲** 和女娲同是中华民族的人文始祖，受到了中华民族的敬仰。他们根据天地万物的变化，发明创造了八卦，这是我国最早的计数文字，是我国古文字的发端，从此结束了"结绳记事"的历史。伏羲后来被中国神话描绘为"人首龙身"，被奉为中华文明的人文始祖。

■ **舜帝** 我国传说中父系氏族社会后期部落联盟领袖。舜,也称虞舜,生于姚地,今河南濮阳,以地取姓氏为姚。姚姓族人是黄帝、舜的后裔。舜帝是中华民族的共同始祖。他不仅是中华道德的创始人之一,而且是华夏文明的重要奠基人。

蚩尤时期,冶铜技术空前提高,制铜工具大量涌现。蚩尤用铜制作了大量的刀、戟、大弩等兵器,增强了兵器的杀伤力,是一个划时代的进步。

据传说蚩尤英勇善战,威震天下,一次就兼并了9国,第二次就兼并了12国。后来在与黄帝的争战中,遭到惨败,死后葬在东平。再后来逐渐被神化,成为齐地八神之一的兵主武神。

少昊名质,又名金天氏,黄帝后裔,嬴姓。是古东夷族的另一位领袖人物。因为修订太昊的法令,被称为"少昊"。他居住的中心在曲阜,足迹遍及山东各地。少昊亦以鸟为图腾,在族源上与太昊有着一脉相承的关系。

少昊族的故地在曲阜,曲阜被称为"少暤之墟"。少昊族的后人封地如费、莒、郯,在今费县、莒县、郯城一带,鲁南是少昊族的主要活动区域。

舜也被称作"虞舜"。《孟子》记载,舜生于诸冯,也就是山东省诸城。据传,舜亲率东夷人大力发展农业、畜牧业、渔业和制陶业。

弩 也被称作"窝弓"或者"十字弓"。是古代用来射箭的一种兵器。它是一种装有臂的弓,主要由弩臂、弩弓、弓弦和弩机等部分组成。虽然弩的装填时间比弓长很多,但是它比弓的射程更远,杀伤力更强,命中率更高,对使用者的要求也比较低,是古代一种大威力的远距离杀伤武器。

由于舜品德高尚，治理有方，东夷族人口激增，社会发展，文化繁荣。不但出现了城邑，创造了早期的城市文明，而且完善了原始的天文历法，创造了以《大韶》为代表的音乐文化。

舜死后，把君位禅让给禹，因而舜也便成了后世儒家所歌颂的上古圣君。

夷族各部的图腾有两个，第一是太阳；第二是鸟。

太阳崇拜起源于东海之滨的山东日照地区。《山海经》中有这样一个故事：东海边有个羲和国，羲和国中有个女子名叫羲和，她是帝俊的妻子，生了十个太阳，这十个太阳经常在水里游泳。

据《山海经》《尚书》和《史记》记载，羲和族人在汤谷祭太阳，在天台山观天象。羲和后裔大羿、太昊、少昊、伯益等都曾在山下尧王城遗址一带建立

图腾 是原始人群体的亲属、祖先、保护神的标志和象征，是人类历史上最早的一种文化现象。运用图腾解释神话、古典记载及民俗民风，往往可获得举一反三之功。图腾就是原始人迷信某种动物或自然物同氏族有血缘关系，因而用来做本氏族的徽号或标志。

■ 古人祭祀场景

■ 大汶口彩陶壶

鼎 是我国青铜文化的代表。鼎在古代被视为立国重器，是国家和权力的象征。鼎本来是古代的烹饪之器，相当于现在的锅，用以炖煮和盛放鱼肉。自从有了禹铸九鼎的传说，鼎就从一般的炊器而发展为传国重器。一般来说鼎有三足的圆鼎和四足的方鼎两类，又可分有盖的和无盖的两种。有一种成组的鼎，形制由大到小，成为一列，称为列鼎。

强大的东夷古国。

在漫长的史前阶段，东夷族各部人民靠他们聪颖智慧的心灵和勤劳灵巧的双手，制造出了实用、精美的石器、骨器、玉器等生产工具和生活用品；编织出了布纹细、密度高的纺织品；发明了冶铜术、原始历法和最古老的文字昌乐骨刻文字。

在原始农业的基础上，东夷族各部还兴起了家禽饲养业和酿酒业。早在龙山文化时期，东夷族各部就已经进入阶级社会，并出现了国家，标志着文明社会的开始。

弓箭是东夷族人最先发明的。弓箭的发明是远古人类的一个重要的创造，它使得狩猎经济有一个飞跃的发展，使人类在征服自然的过程中有一个质的进步。从后李文化、北辛文化遗址中，都发现了骨质和蚌质的箭镞。

在陶器的制作方面，东夷人处于当时的领先地位。大汶口墓葬中出土的陶器极为丰富，前期的陶器大多采用手制，后期出现了轮制，陶器的数量和质量都有长足的发展。

陶器中有精美的彩陶和光洁的白陶，器形已有鼎、觚形杯、豆、壶、背壶、罐、盆、高柄杯、盘、缸、瓶、尊、钵、碗、陶鼓等。龙山文化中最令人瞩目的文化成就是黑陶。

在大汶口文化的早期阶段，海岱地区彩陶纹中多见的圆点和圆圈，已经透露出清醒的太阳文化意识。大汶口文化中期阶段，盛行于海岱各地的镂孔装饰中的标准圆形，也被视为太阳或星体的模拟。

大汶口文化晚期彩陶器物表面的黑白同心圆及红色大圆点等圆形，更一向被认为是典型的太阳纹饰。

鼓 在远古时期，鼓被尊奉为通天的神器，主要是作为祭祀的器具。在狩猎征战活动中，鼓都被广泛地应用。鼓作为乐器是从周代开始。周代有八音，鼓是群音的首领，古文献所谓"鼓琴瑟"，就是琴瑟开弹之前，先有鼓声作为引导。鼓的文化内涵博大而精深，雄壮的鼓声紧紧伴随着人类，从远古的蛮荒一步步走向文明。

■ 大龙黑壶

蚩尤塑像

《左传》 原名为《左氏春秋》，汉代改称《春秋左氏传》，简称《左传》。旧时相传是春秋末年左丘明为解释孔子的《春秋》而作。《左传》实质上是一部独立撰写的史书。它通过记述春秋时期的具体史实来说明《春秋》的纲目，是儒家重要经典之一。

古夷族各部以象征太阳文化的皥或昊字为族群的名号，当起源于大汶口文化时期海岱居民的太阳崇拜习俗。

鸟图腾崇拜，最有名的是少昊部落的鸟崇拜。据《汉书·地理志》记载，日照在汉代被称为"海曲"。海曲的东夷人之所以被称为"鸟夷"，是因为他们在服饰与行为上极力模仿鸟，而对图腾物的模仿正是图腾信仰的重要方面。

鸟图腾崇拜最完整、最系统的传说史料是有关少昊集团鸟官机构的记录。

据《左传》记载，公元前525年，郯国的君主郯子到鲁国访问，鲁国贵族叔孙昭子向他提出了这样一个问题：听说少昊氏都用鸟名作为官称，这是什么缘故呢？

郯子回答说："少昊是我们国家的老祖宗，我知道这其中的缘故。古时候黄帝以云纪事，所以用云名作为官称而称为'云师'，炎帝以火纪事，所以用火名作为官称而称为'火师'，共工以水纪事，所以用水名作为官称而称为'水师'，太昊以龙纪事，所以用龙名作为官称而称为'龙师'，我们的老祖宗少昊挚即位的时候，恰好有凤鸟飞来，所以就以鸟纪事，用鸟名作为官称而称为'鸟师'。"

所谓云师、火师、水师、龙师、鸟师，就是云官、火官、水官、龙官、鸟官，因为古人官、师不分，所以官也称"师"。

少昊集团的鸟官系统形象地比喻东夷族各部本身就是一个庞大的百鸟共同体。而且这种图腾所体现的特殊风俗和文化，在许多东夷部族进入文明社会以后，长久地保留下来。著名的例子如商人、秦人等部族的鸟生始祖传说。

夷族各部传说中的著名部落首领蚩尤，在与炎黄部落发生的涿鹿之战中失败，一部分融合进炎黄部落，另一部分则举家南迁，至淮河流域一带定居，始称"淮夷"。

在后来的几百年里，淮夷族不断地融合了汉族先进的科学文化，有的退居长江以南，与当地苗蛮族杂居融合，形成了百越的一支，也就是后来的苗族。

苗族中一直流传着他们祖先艰苦跋涉与迁徙的故事，诸如过浑水河，也就是过黄河的故事。这些故事还被勤劳勇敢的苗族人民刺绣在衣裙上，激励着他们世世代代艰苦奋斗勇往直前。

在周穆王时代，东夷族各部势力的中心转移到了淮

百越 我国古代南方越人的总称。分布在今浙、闽、粤、桂等地，因部落众多，故总称百越。古代粤、越通用。也指百越居住的地方。也叫"百粤""诸越"。秦汉时，相关史籍则泛称我国南方的民族为"越族"，史称"北方胡、南方越"。

■ 西周玉鹿

河流域，淮夷成为夷族的代称，其中徐最为强大。徐是嬴姓，渊源于少昊以鸟为图腾的集团，分布在淮水中下游，也就是泗洪县附近。

直至春秋时代，徐依然是淮夷中的大国。徐偃王深得东夷的民心，传世的徐国文物很多，表明当时徐国青铜铸造技术与铭文都比较成熟，接近中原诸侯的水平。

西周晚期，王室衰微，诸侯日渐强大，南方的楚、东南的淮夷都成为了周室的威胁，然而无论是楚还是东夷都已经广泛接受了中原文化的影响，从而逐渐走上了汉化的历程。

通过远古的夷夏历代战争，可以大致得到这样的几个结论：一是东夷曾经是我华夏上古传说中三皇五帝的重要组成部分；二是商很可能就是东夷部落的一支，后来统一了中原；三是东夷融入以周为核心的华夏体系，其中也有部分东夷部落溶入华夏体系；四是在战国时期，东夷基本融入了华夏体系。

两淮文化特色与形态

阅读链接

在龙山文化时代，东夷人在制陶技术上取得突破，他们使用较先进的轮制技术，制造出一些薄胎黑陶。这种黑陶壁薄如蛋壳，强度又高，号称"蛋壳陶"。

又由于用鹅卵石等坚硬而光滑的东西在半干的陶坯上精工打磨，使陶器表面光滑且带有光泽，加之陶窑经过改进，封闭严密、窑温较高，又用烟熏法对陶器进行渗碳，因而烧制出的陶器呈现出乌黑色，质地致密，防渗性强。其中有一部分黑陶在制坯过程中经过刻镂，造型纹饰美观，反映了东夷人较高的审美观念。

在制陶材料中，除利用天然黏土外，东夷人还使用高岭土作原料，曾烧制了少量表里很白净的陶，为原始瓷器的出现做了最初的尝试。鉴于龙山文化时期东夷人高超的制陶水平，龙山文化又被为"黑陶文化"。

大禹治水留迹两淮大地

淮河流域与黄河流域一样是我国古文明的发祥地，有"盘古开天地，血为淮渎"之说。传说盘古开天辟地，血液流成了淮河，毛发长成了森林，骨架形成了山脉，双目生成了日月。

约4600年前的尧舜时代，气候转暖，积雪消融，大地山河，沦为泽国。人类或登高陵土山，或以木为舟，载沉载浮，幸免沦没。

大禹治水塑像

这时，古黄河改道从苏北平原入海，淮、泗流域发生特大洪水。再加之海水水面升高，沧海横流，海水倒灌，淮河淤积，使泰山以西到沂蒙以南至苏北地区，成为泽国。

在洪水横流泛滥时，人民流离失所，无家可归，各部落的人们被迫逃

■ 大禹治水图

息壤 古人对大禹有效治理长江洪灾险情的一种称谓。是指能不断增长与水势相抗衡的土壤。也指大禹之父鲧治水在荆州古城留下的一处遗迹，位于南门外西侧城墙脚边，系一长约40米、宽约10米的土丘，其上有石柱4根，以示标志。

避到一个个高地上，生活在许多孤岛上。

鲧是尧舜治下的一位治水首领，他被流放东夷，负责变革同化东夷族，使其迅速赶上进步的黄帝族。鲧是禹的父亲，颛顼的儿子，姒姓，建国于崇，史称"崇伯"。

当时洪水泛滥，鲧由四岳推荐给尧，被派去治理洪水。由于他采用堵塞的方法，结果9年不成，用湮塞的方法，淹没了许多人的生命，并擅自将神庙里的青铜礼器铸成治水工具，犯下弥天大罪，被舜帝诛杀于羽山之野。

《山海经》记载鲧曾经窃取天帝的息壤来堵洪水，鲧成了一个不顾个人安危，救民于水火的英雄。

一般认为，鲧为了人民的利益，历经千辛万苦，直至献出了自己的生命，虽然他未能取得治水的成功，但其勇于奉献的精神尤为可嘉。

他在治水方法上的失误，在一定程度上是由于当时人类治理洪灾尚处于摸索阶段，经验不足，因而曲折是难免的。他的失败和悲剧为后继者指明了方向。

据《山海经·海内经》记载，鲧死之后从他的腹中生出了他的儿子禹。大禹奉命继承了父亲未竟的事业，他吸取了父亲失败的教训，采用疏导的方法治水，并且亲临一线指挥，栉风沐雨，历经10年之久。

《史记》以极其虔敬的笔触叙说了禹的丰功伟绩：他舍家为国，忘我工作，新婚只有4天就离家赴任，三过家门而不入，连新生的儿子也无暇照顾。

为了全面了解水情和地势，他的足迹踏遍了九州，勘察测量山形水势，疏导了9条河道，修治了9个大湖，凿通了9条山脉，终于战胜了洪水，得以平土而居。

禹不仅治理了水患，而且还考察了九州的土地物

大禹治水图

禅让 "禅"意为"在祖宗面前大力推荐","让"指"让出帝位"。指古代帝王让位给不同姓的人，这是一种不同于世袭制的王位继承制度，是对正统王位继承制的模拟，是上古政治舞台上部族政治激烈角力的结果，目的是让各大部族的代表人物有机会分享最高权力。

产，规定了各地的贡品赋税，开通了各地朝贡的方便途径，并在此基础上，划定了五服界域，使得全国范围内形成了众河朝宗于大海，万方朝宗于天子的统一安定的大好局面。

大禹也因此大得民心，使他有条件获得政治优势，成为尧舜的继承人。

经过大禹治水，在"淮沂其治，蒙羽其艺"之地，淮河和沂水流过的地方，蒙山和羽山之间，这片淤积几十年大水的地方，经过大禹的治理，将淤积的大水"谷"，引入大海。

清理了古黄淮泛区的一些河段，开出了许多良田和桑土，成为人民安居乐业的地方。在低洼地留下了微山、东平、巨野、骆马等"四渎"，成为有利于先民生存的湖泊。

其后，大禹划分了行政区域，也就是青、兖、

■ 大禹治水图

"禹定九州"壁画

徐、扬、梁、豫、冀、荆、雍等九州。

禹治水有功，舜将部落联盟首领之位禅让于禹，其后裔姒姓便在鲁南苏北一带滋生繁衍，从事着耕耘、蚕桑、冶炼、制陶、渔猎等生产活动。后人为纪念夏禹治水的功绩，曾在沂河岸边建立了禹王城。

大禹治水，足迹踏遍两淮大地。在淮河的发源地桐柏山，鲧和大禹父子治水的传说，更是家喻户晓。

当年，大禹治水时，三次来到桐柏山，总是治不好。大禹非常生气，一打听，原来这个地方有个叫无支祁的水神在捣乱。这个无支祁住在一个深潭子中，据说它"形若猿猴，缩鼻高额，青躯白首，金目血牙，颈伸百尺，力逾九象。"

大禹便派神将庚申去与无支祁交战，庚申手拿"定海神针"，经过三天三夜终将其打败。

被打败后的无支祁鼻子上被穿上了金铃，脖子

舜 我国传说中父系氏族社会后期部落联盟领袖。舜，也称虞舜，生于姚地，今河南濮阳，以地取姓氏为姚。姚姓族人是黄帝、舜的后裔。舜帝是中华民族的共同始祖。他不仅是中华道德的创始人之一，而且是华夏文明的重要奠基人。

大禹塑像

上锁上大锁，被关在淮阴龟山脚下的深井里。从此，淮河被疏通，并且一直流向了大海。

据史载，这里也是神话中盘古开天辟地的地方。

大禹还在安徽怀远县的涂山留下遗迹。相传这里是大禹娶涂山氏和大会诸侯的地方，后人在涂山顶修建了规模宏大的禹王宫，象征涂山氏的天然石像启母石，就矗立在禹王宫前。

荆山也有大禹的踪迹。荆山与涂山隔河相望，这里曾经为大禹的儿子启建造过启王殿，山腰有白乳泉和望淮楼。荆山脚下的断梅谷，是长淮三峡之一，更是风景秀丽的天成佳景。

在河南省登封和禹县，传说大禹的后代启在淮河流域建立了夏，在阳城和阳翟，即登封和禹县，就是夏王朝的古都遗址。

阅读链接

位于安徽省蚌埠市西郊涂山南麓的淮河东岸，根据中国社会科学院考古研究所实地考察发现其是淮河流域目前最大的一处龙山文化遗址，总面积为50万平方米。

大禹生活的年代正是龙山文化时期。

涂山既有大会诸侯遗址，又有娶女首领为妻的涂山氏国遗址，并留有禹王宫、启母石、台桑、防风冢、禹墟等多处遗迹，山上禹王宫有数千年历史，历代文人名宦如狄仁杰、柳宗元、吴文魁、苏轼、苏辙、宋濂、邓石如等，均来此游览凭吊并留下大量诗文铭刻。

两淮底蕴

淮河流域人民为我国古代史写下了光辉的篇章。早在4000多年前，夏王朝就在颍河上游的登封建都，这标志着中华民族文明史的开端。

两淮思想文化中最重要的是道家思想文化，道家主要人物老子、庄子，都生活在两淮流域的涡河岸边。他们的思想一方面成为我国思想文化的最重要部分之一；另一方面影响了后世的道教思想。

春秋战国、秦汉元明，两淮地区也出现了无数的政治家、军事家，如兵仙淮阴侯韩信等。

老子创立道家思想

老子，即李耳，字聃，一字或曰谥伯阳。淮河流域楚国苦县历乡曲仁里人。是我国古代伟大的哲学家和思想家、道家学派创始人。

据传，老子是彭祖的后裔，在商朝阳甲年，公神化气，老子寄胎于玄妙王之女理氏腹中。理氏在村头的河边洗衣服，忽见上游飘下一个黄澄澄的李子。理氏忙用树枝将这个拳头大小的黄李子捞了上来。

老子铜像

到了中午，理氏又热又渴，便将这个李子吃了下去。从此，理氏怀了身孕。

理氏怀胎81年后，生下一个男孩，这男孩一生下就白眉白发，白胡子。因此，理氏给他取的名字叫"老子"。

传说老子生下来就会说话，他指着院子中的一棵李子树，说："李就是我的姓"。

老子自幼聪慧，静思好学，经常缠着家将要听国家兴衰、战争成败、祭祀占卜、观星测象之事。老夫人望子成龙，请一精通殷商礼乐的商容老先生教授。商容通天文地理，博古今礼仪，深受老子一家敬重。

■ 老子著作

一天，商容教授道："天地之间人为贵，众人之中王为本。"

老子问道："天为何物？"

先生道："天者，在上之清清者也。"

老子又问："清清者又是何物？"

先生道："清清者，太空是也。"

"太空之上，又是何物？"

先生道："太空之上，清之清者也。"

"之上又是何物？"

"清之清者之上，更为清清之清者也。"

老子又问："清者穷尽处为何物？"

先生道："先贤未传，古籍未载，愚师不敢妄言。"

夜晚，老子以其疑惑问其母，母不能答；问家将，家将不能言。于是仰头观日月星辰，低首思天上之天为何物，彻夜不能寐。

商老先生教授3年，来向老夫人辞行道："老夫

占卜 指用龟壳，铜钱，竹签，纸牌或星象等手段和征兆来推断未来的吉凶祸福的迷信手法。原始民族对于事物的发展缺乏足够的认识，因而借由自然界的征兆来指示行动。

彭祖 传说以长寿见称。原系先秦传说中的仙人，养生家，后道教奉为仙真。自尧帝起，历夏朝、商朝。商朝时为守藏史，官拜贤大夫，周朝时担任柱下史。相传他活了880岁，这是以当时66天为一年纪年的方法所指的年纪，按360天作为一年记，实际寿命为140岁。

■ 老子塑像

跪拜 跪而磕头。在我国的旧习惯中,作为臣服、崇拜或高度恭敬的表示。古人席地而坐,"坐"在地席上俯身行礼,自然而然,从平民到士大夫皆是如此,并无卑贱之意。只是到了后世由于桌椅的出现,长者坐于椅子上,拜者跪、坐于地上,"跪拜"才变成了不平等的概念。

识浅,聃儿思敏,3年了,我所知道的都教给他了,相邑这个地方太小了,周都礼仪具备,典籍如海,贤士如云,天下之圣地也,不如让他到周都去求学。"

老夫人听了面露难色,犹豫不知怎么回答。

先生已猜知其为难处,忙说:"以实相告,老夫师兄为周太学博士,学识渊博,爱才敬贤,以树人为生,以荐贤为任。家养神童数位,皆由民间选来。不要衣食供给,待之如亲生子女。"

"博士听我说过,知道聃儿好学善思,聪慧超常,久愿一见。近日有家仆数人路经此地,特致书老夫,意欲带聃儿去周。此乃千载难逢之良机,务望珍惜!"

老夫人听后,不禁悲喜交集。

老子扑入母亲怀中,泣言道:"母亲无须伤心,聃儿决不负老师厚望,待我业成功就,定然早日来接母亲!"

3天后,全家与商老先生送老子至2500米之外。老子一一跪拜,上马随博士家仆西行而去。

老子入周,拜见博士,入太学,天文、地理、人伦,无所不学,《诗》《书》《易》《历》《礼》《乐》无所不览,文物、典章、史书无所不习,3年而大有长进。

博士又推荐老子入守藏室为吏。守藏室是周朝典籍收藏之所，集天下之文，收天下之书，汗牛充栋，无所不有。老子处于其中，如蛟龙游入大海，海阔凭鱼跃；如雄鹰展翅蓝天，天高任鸟飞。

他如饥似渴，博览泛观，渐臻佳境，通礼乐之源，明道德之旨，3年后又迁任守藏室史，名闻遐迩，声播海内。

老子居周日久，学问日深，声名日响。春秋时称学识渊博者为"子"，以示尊敬，因此，人们皆称其为"老子"。

公元前523年的一天，孔子得知老子贤名，由南宫敬叔陪同千里迢迢而来拜见，老子非常高兴，教授之后，又引孔丘访大夫苌弘。

逗留数日。孔子向老子辞行。

老子送至黄河岸边，手指浩浩黄河，对孔子说："汝何不学水之大德欤？"

孔子问："水有何德？"

老子说："上善若水：水善利万物而不争，处众人之所恶，此乃谦下之德也；故江海所以能为百谷王者，以其善下之，则能为百谷王。天下莫柔弱于水，而攻坚强者莫之能胜，此乃柔德也；故柔之胜刚，弱之胜强坚。因其无有，故能入于无间，由此可知不言之教、无

蛟龙 蛟和龙是不同的生物，蛟龙是蛟和龙交而成。虽然都有强大的力量，却一正一邪，有本质不同。龙则是我国传说中的一种善变化、能兴云雨、利万物的神异动物，为众鳞虫之长，四灵之首。龙在神话中是海底世界的主宰，在民间是祥瑞象征，在古时则是帝王统治的化身。

■ 老子骑牛图

老子塑像

函谷关 最早记载在春秋战国时代由秦国所建。关隘地处深险谷地,地势险要,窄处只能容一辆马车通行,而且由于这段黄河流域丘峦起伏,有中条山、崤山等阻断,函谷关谷底是附近地区唯一东西向平坦的通道,是古时一重要军事要地。

为之益也。"

孔子闻言,恍然大悟道:"先生此言,使我顿开茅塞也:众人处上,水独处下;众人处易,水独处险;众人处洁,水独处秽。所处尽人之所恶,夫谁与之争乎?此所以为上善也。"

老子点头说:"汝可教也!汝可切记:与世无争,则天下无人能与之争,此乃效法水德也。故圣者随时而行,贤者应事而变;智者无为而治,达者顺天而生。汝此去后,应去娇气于言表,除志欲于容貌。否则,人未至而声已闻,体未至而风已动,张张扬扬,如虎行于大街,谁敢用你?"

孔子道:"先生之言,出自肺腑而入弟子之心脾,弟子受益匪浅,终生难忘。弟子将遵奉不怠,以谢先生之恩。"说完,告别老子,与南宫敬叔上车,依依不舍地向鲁国驶去。

回到鲁国,众弟子问孔子道:"先生拜访老子,可得见乎?"

孔子道:"见之!"

弟子问。"老子何样?"

孔子道:"鸟,我知它能飞;鱼,吾知它能游;兽,我知它能走。走者可用网缚之,游者可用钩钓之，飞者可用箭取之，至于龙，吾不知其何以？龙乘风云而上九天也！吾所见老子也，其犹龙乎？学识渊深而莫测，志趣高邈而难知；如蛇之随时屈伸，如龙之应时变化。老聃，真吾师也！"

公元前518年，老子离宫归隐，骑一青牛，欲出函谷关，西游秦国。

老子离开周王朝洛邑不远，但见四野一片荒凉。断垣颓壁，井栏摧折，阡陌错断，田园荒芜，枯草瑟瑟。田野里不见耕种之马，大道上却战马奔驰不息，有的马还拖着大肚子艰难地尾追其后。

目睹此景，老子心如刀绞，内心想道："夫兵者，不祥之器也，非君子之器。不得已而用之，适可而止，恬淡为上。胜而不必自美，自美者乃乐杀人也。夫乐杀人者，不可以得志于天下矣！"

"以道佐人主者，不以兵强天下。兵之所处，荆

■ 老子骑青牛西游蜡像

九天 指传说中的玉皇大帝居住的地方，后来形容极高极高的天空。我国古代传说中天有九重，九天是天的最高层。一为中天，二为羡天，三为从天，四为更天，五为睟天，六为廓天，七为咸天，八为沈天，九为成天。

棘生焉；大兵之后，必有凶年。天下有道，却走马以粪；天下无道，则戎马生于郊。戎马生于郊，则国乱家破矣。"

函谷关守关官员关尹，少时即好观天文、爱读古籍，修养深厚。

7月12日午后，夕阳西斜，光华东射。关尹正欲下关查看，忽见关下稀落行人中有一老者，倒骑青牛而来。

关尹仰天而叹道："我生有幸，得见圣人！"

遂奔上前去，跪于青牛前拜道："关尹叩见圣人！"

老子见叩拜之人威严而不冷酷，柔慈而妩媚，早知非一般常人，故意试探道："关令大人叩拜贫贱老翁，非常之礼也！老夫不敢承当，不知有何见教？"

关尹道："老丈，圣人也！务求留宿关舍以指修行之途。"

老子听罢，哈哈大笑："过奖、过奖！老夫亦早闻你大名，特来拜会。"

关尹闻言大喜，叩头不迭。之后，关尹引老子至官舍，请老子上坐，焚香而行弟子之礼，恳求道："先生乃当今大圣人也！今汝将隐居而不仁，求教者必难寻矣！何不将汝之圣智著为书？关尹虽浅陋，愿代先生传于后世，流芳千古，造福万代。"

老子道德经

老子答应了，他以王朝兴衰成败、百姓安危祸福为鉴，溯其源，著上、下两篇，共5000字。

上篇起首为"道可道，非常道；名可名，非常名"，故人称《道经》。下篇起首为"上德不德，是以有德；下德不失德，是以无德"，故人称为《德经》。全书合称《道德经》。

《道经》言宇宙本根，含天地变化之机，蕴阴阳变幻之妙；《德经》言处世之方，含人事进退之术，蕴长生久视之道。关尹得之，如获至宝，终日默诵，如饥似渴。

老子塑像

此后，老子又在梁地点化阳子居，在宋国沛地自耕而食，自织而衣。慕其名者接踵而至，求问修道之方，学术之旨，处世之要，于是其弟子遍天下。

老子与他们讲授养生之道。而且在此期间，再次教授前来拜见的孔子处世哲学。

老子长寿，160余岁仙逝，邻里皆来吊唁。老人哭之，如哭其子；少者哭之，如哭其母。

阅读链接

《老子》以"道"解释宇宙万物的演变，以为"道生一，一生二，二生三，三生万物"，"道"乃"夫莫之命而常自然"，因而"人法地，地法天，天法道，道法自然"。"道"为客观自然规律，同时又具有"独立不改，周行而不殆"的永恒意义。

除了朴素的唯物主义观点外，《老子》一书中还包括了大量的朴素辩证法观点，如以为一切事物均具有正反两面，"反者道之动"，并能由对立而转化。其学说对我国哲学发展具有深刻影响。

庄周梦蝶与天人合一

庄子，名周，字子休，后人称之为南华真人。战国时期宋国蒙人。一种说法认为蒙是安徽蒙城，也有人认为说蒙是河南民权，不管怎样，庄子肯定是出生于两淮地区。

庄子祖上系出楚国公族，后因吴起变法楚国发生内乱，先人避夷宗之罪迁至宋国蒙地。庄子生平只做过地方漆园吏，因崇尚自由而不应同宗楚威王之聘。

庄子的一生，正如他自己所言，与自然同体，实现了完美的艺术化。虽然庄子的一生淡泊名利，主张修身养性、清静无为，在他的内心深处则充满着对当时世态的极大关注。

从庄子的退隐、不争、率性的表象上，可以看出他是一

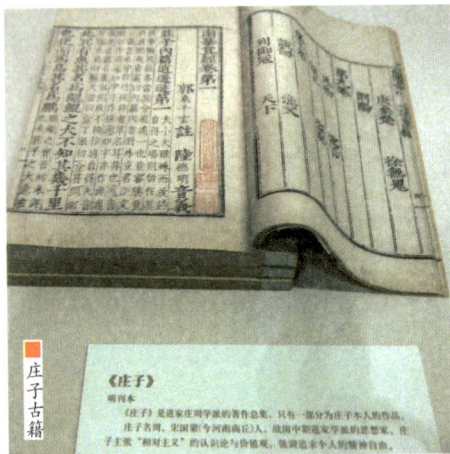

庄子古籍

《庄子》
明刊本

《庄子》是道家庄周学派的著作总集，只有一部分为庄子本人的作品，庄子名周，宋国蒙（今河南商丘）人，战国中期道家学派的思想家。庄子主要"相对主义"的认识论与价值观，强调尊重个人的精神自由。

个对现实世界有着强烈爱恨的人。

正因为世道污浊，所以他才退隐；正因为有黄雀在后的经历，所以他才与世无争；正因为人生有太多不自由，所以他才强调率性。

有一次，庄子梦见自己变成一只蝴蝶，飘飘荡荡十分轻松惬意。他这时完全忘记了自己是庄子。过一会儿，他醒来了，对自己还是庄周感到十分惊奇疑惑。

■ 庄子塑像

他认真地想了又想，不知道是庄周做梦变成蝴蝶呢，还是蝴蝶做梦变成了庄周？庄周与蝴蝶一定是有分别的，或许这就是"天人合一"了吧！

庄子的学说涵盖了当时社会生活的方方面面，但根本精神还是归依老子的思想，后世于是将他与老子并称为"老庄"。

庄子的文章，想象力很强，文笔变化多端，具有浓厚的浪漫主义色彩，并采用寓言故事形式，富有幽默讽刺的意味，对后世文学语言有很大影响。

关于庄子的典故和寓言，《庄子·秋水》上有记载。据说庄子和惠施是好朋友，惠施在梁国做了宰相，庄子想去见见这位好朋友。

有人急忙报告惠子说："庄子来，是想取代您的相位哩。"惠子很惶恐，想阻止庄子，派人在国都中

吴起 战国时期著名的政治家、改革家、军事家、兵家代表人物。一生历仕鲁、魏、楚三国，在内政、军事上都有极高的成就，后世把他和孙武并称为"孙吴"，著有《吴子》，《吴子》与《孙子》又合称《孙吴兵法》，在我国古代军事典籍中占有重要地位。

大夫 古代官名。西周以及先秦诸侯国中，在国君之下有卿、大夫、士三级。大夫世袭，有封地。后世遂以大夫为任官要职之称。秦汉以后，中央要职有御史大夫，备顾问者有谏大夫、中大夫、光禄大夫等。至唐宋尚有御史大夫及谏议大夫之官，明清时废。又隋唐以后以大夫为高级官阶之称号。

搜了三天三夜。

哪料庄子从容而来拜见他说："南方有只鸟，它的名字叫鹓鶵。这鹓鶵展翅而起，从南海飞向北海，不是梧桐不栖，不是楝实不吃，不是醴泉不饮。这时，有只猫头鹰正津津有味地吃着一只腐烂的老鼠，恰好鹓鶵从头顶飞过。猫头鹰急忙护住腐鼠，仰头大声说，现在您要抢我的国相之职吗？"

这个故事说明了庄子对于名利的蔑视。他不仅蔑视，甚至有人请他当官，他也拒绝不去。

一天，庄子正在涡水垂钓，楚王委派的两位大夫前来聘请他。

这两个人说："我们大王久闻先生贤名，想请先生出山，上为君王分忧，下为黎民谋福。"

■ 庄子蜡像

庄子举着钓鱼竿，淡然说道："我听说楚国有只神龟，被杀死时已3000岁了。楚王用竹箱珍藏它，给它盖上锦缎，在庙堂上供奉。请问两位，这个龟是宁愿死后被供奉，还是宁愿活着在水中游呢？"

两位大夫说："自然是愿活着在水中游啦！"

庄子说："两位大夫请回去吧！我也愿在水中游啊！"

庄子认为做官戕害人的自然本性，不如在贫贱生活中自得其乐。

一次，庄子身穿粗布补丁衣

■ 庄子梦蝶塑像

服，脚着草绳系住的破鞋，去拜访魏王。

魏王见了他，说："先生怎如此潦倒啊？"

庄子纠正道："是贫穷，不是潦倒。士有道德而不能体现，才是潦倒；衣破鞋烂是贫穷，不是潦倒，此所谓生不逢时也。大王您难道没见过那腾跃的猿猴吗？如在高大的楠木、樟树上，它们则攀援其枝而往来其上，逍遥自在，即使善射的后羿、蓬蒙再世，也无可奈何。"

"可要是在荆棘丛中，它们则只能危行侧视，怵惧而过了，这并非其筋骨变得僵硬不柔灵了，乃是处势不便，未足以逞其能也，现在我处在昏君乱相之间而欲不潦倒，怎么可能呢？"

由此更可以看出，庄子是主张精神上的逍遥自在的，所以在形体上，他也试图达到一种逍遥自在境界。庄子是主张宇宙中的万事万物都具有平等的性质，人融入万物之中，从而与宇宙相终始。

辉煌篇章
两淮底蕴

后羿 上古时代的传说人物。他善于射箭，曾助尧帝射九日。传说十日齐出，祸害苍生。天帝就派擅长射箭的羿下凡解除灾祸。羿射九日，只留一日，给大地带来复苏的生机。

梧桐 我国梧桐树高大魁梧，树干无节，向上直升，高擎着翡翠般的碧绿巨伞，气势昂扬。树皮平滑翠绿，树叶浓密，从干到枝，一片葱郁，显得清洁洁净，鹓鶵是古书上说的凤凰一类的鸟，只有梧桐才是它的栖身之处，表现了梧桐高洁的象征。

庄子观

阴阳 源自古代中国人民的自然观。古人观察到自然界中各种对立又相联的大自然现象，如天地、日月、昼夜、寒暑、男女、上下等，以哲学的思想方式，归纳出"阴阳"的概念。早至春秋时代的易传以及老子的道德经都有提到阴阳。阴阳理论已经渗透到中国传统文化的方方面面，包括宗教，哲学，历法，中医，书法，建筑堪舆，占卜等。

庄子的妻子病死了，好朋友惠子前来吊唁，见庄子正盘腿坐地，鼓盆而歌。

惠子责问道："人家与你夫妻一场，为你生子、养老、持家。如今去世了，你不哭亦足矣，还鼓盆而歌，岂不太过分、太不近人情了吗？"

庄子说："不是这意思。她刚死时，我怎会独独不感悲伤呢？思前想后，我才发现自己仍是凡夫俗子，不明生死之理，不通天地之道。如此想来，也就不感悲伤了。"

惠子仍愤愤不平，问道："生死之理又如何？"

庄子说道："察其生命之始，而本无生；不仅无生也，而本无形；不仅无形也，而本无气。阴阳交杂在冥茫之间，变而有气，气又变而有形，形又变而有生，今又变而为死。故人之生死变化，犹如春夏秋冬四时交替也。"

"她虽死了，人仍安然睡在天地巨室之中，而我竟还悲哀地随而哭之，自以为是不通达命运的安排，故止哀而歌了。况且得者，时也；失者，顺也。安时而处顺，哀乐不能人也！"

庄子提倡护养生命的主宰，即人的精神是要顺从"天人合一"的自然法则，要安时而处顺；庄子要求重视内在德性的修养，德性充足，生命自然流露出一种自足的精神的力量。

转眼到了庄子的大限之日。

弟子们侍立床前，哭泣着说："弟子跟随您至今，受益匪浅，弟子却无以为报。想先生贫困一世，死后竟没什么陪葬。"

庄子坦然微笑着说："我以天地做棺椁，以日月为连璧，以星辰为珠宝，以万物做陪葬。我的葬具岂不很完备吗？还有比这更好更多的陪葬吗？"

弟子道："没有棺椁，我担心乌鸦、老鹰啄食先生。"

庄子平静地笑着说："在地上被乌鸦、老鹰吃掉，在地下被蝼蚁、老鼠吃掉，这有什么两样？把乌鸦、老鹰的食物，给了蝼蚁、老鼠，这不是偏心吗？"

庄子的思想是超脱人的生死的，所以他认为人死是没有什么可怕的。正是有了这样的思想，庄子才对于人生看得非常淡。

阅读链接

庄子在我国哲学史上既是一位有着鲜明特色的伟大哲学家，又富于诗人的气质。他的作品在我国文学史上独树一帜，他的文章标志着先秦散文已经发展到成熟的阶段，可以说，《庄子》代表了先秦散文的最高成就。

后人在思想、文学风格、文章体制、写作技巧上受《庄子》影响的，可以开出很长的名单，即以第一流作家而论，如阮籍、陶渊明、李白、苏轼、辛弃疾、曹雪芹等，由此可见其影响之大。

一代兵仙淮阴侯韩信

　　韩信，淮阴人，军事家、战略家、统帅和军事理论家，是西汉开国名将，汉初三杰之一，留下许多著名战例和策略。

　　韩信是我国古代军事思想"谋战"派代表人物。"王侯将相"韩信一人全任。"国士无双""功高无二，略不世出"是楚汉之时人们对其的评价。

韩信像

　　韩信早年穷困潦倒，在淮阴曾受过一个替人洗衣为生的妇人的餐饭接济。韩信曾表示将来必定报答。漂母怒道："大丈夫自己都不能维生，我是可怜你才帮你，哪里是为了报答！"

　　韩信听了心中惭愧，于是更加发奋努力学习，并立下大志成

就大业。

韩信在淮阴还曾受到过重大侮辱。淮阴市井有人生事，找到韩信说："看你一直带着剑，但是我猜你是个胆小鬼。你有胆量就刺我一剑，没胆量就从我胯下爬过去。"

韩信看了这人很久，最后甘受"胯下之辱"。

韩信封楚王后，找到了这人，封他为中尉，并对众人说："这是一个壮士。当年他侮辱我时，难道我不能杀他？杀了他也不会扬名，所以就忍了下来，是为了做大事啊！"

■ 韩信画像

韩信先是加入了楚营项梁的起义军。公元前208年项梁死后便成为项羽部下，曾经数次向其献策，但项羽没有采纳。

韩信在项军内仅任炊事兵与守门官，认为没有前途，于是在公元前206年，汉王刘邦进入汉中郡、武都郡、巴郡与蜀郡时，韩信逃离楚营，投奔汉王刘邦。

韩信与萧何谈话数次，萧何对他印象深刻。在南郑过了一段时间后，韩信估计萧何已经向刘邦推荐了自己，却没音讯，感到不受重用，于是离开汉营，准备另投明主。

萧何闻讯，认为韩信如此将才不能轻易失去，于是不及通知刘邦便策马于月下追韩信，终于劝得韩信留下。

项羽（前232年—前202年），我国古代著名将领及政治人物，秦下相人，秦末时被楚怀王芈心封为鲁公，在公元前207年的决定性战役巨鹿之战中统率楚军大破秦军，秦亡后自封"西楚霸王"，统治黄河及长江下游的梁楚九郡，后在楚汉战争中为汉高祖刘邦所败。

抱犊寨韩信祠

萧何 汉代初年丞相、西汉初年政治家，汉初三杰之一。辅助汉高祖刘邦建立汉政权。他接收了秦丞相、御史府所藏的律令、图书，掌握了全国的山川险要、郡县户口，并知民间疾苦，对日后制定政策和取得楚汉战争胜利起了重要作用。

起初，刘邦听说萧何逃出，十分惊恐，后来听说他是为了追韩信，于是问他："这么多人逃回东方，你都不追，为何却追韩信？"

萧何于是向刘邦再荐韩信："那些逃走的将军们是很容易随手得到的，至于韩信这样的英才，天底下的人群中绝对找不到第二个！"

刘邦接纳建议，模仿古代筑坛拜将，封韩信为大将，即汉军总司令。拜将后，韩信立刻向刘邦剖析天下大势，并提出其战略。

刘邦同意，并依其计划部署。

刘邦曾问韩信："你觉得我可带兵多少？"

韩信说："最多10万。"

刘邦又问："那你呢？"

韩信自信地说："韩信带兵，多多益善，越多越好。"

刘邦听了表情复杂地问："那我岂不是打不过你？"

韩信微笑着回答说："不，主公是驾驭将军的人才，不是驾驭士兵的。"

当章邯还坚守废丘时，刘邦留下韩信围攻废丘，自己则联合其他十八诸侯，趁项羽还在齐国时，于公元前205年领联军56万人攻占项羽首都彭城。

之后，韩信率兵在京城和索城之间击退楚军，使楚军不能西越荥阳。

魏王魏豹附楚反汉，刘邦派韩信领兵攻魏，韩信突袭魏国都城安邑，擒魏豹。随后韩信率军击败代国，这时汉营调走他旗下的精兵到荥阳抵抗楚军。

公元前204年，韩信在井陉口一带指挥了对赵军的一次出奇制胜的进攻作战。在这次战役中，韩信以不到3万的劣势兵力，背水列阵，奇袭赵营，一举歼灭号称20万的赵军，阵斩赵军主将陈余，活捉赵王

诸侯 是古代中央政权所分封的各国国君的统称。周代分公、侯、伯、子、男五等，汉朝分王、侯二等。周制，诸侯名义上需服从王室的政令，向王室朝贡、述职、服役，以及出兵勤王等。汉时诸侯国由皇帝派相或长吏治理，王、侯仅食赋税。

■ 刘邦为韩信推车壁画

歌，灭亡了项羽分封的赵国，为刘邦最终战胜项羽、统一全国创造了有利的战略态势。

公元前202年，在楚汉战争中，楚汉两军在垓下进行了一场战略决战。刘邦、韩信、刘贾、彭越、英布等各路汉军约计40万人与10万楚军于垓下展开决战。

汉军以韩信率军居中，将军孔熙为左翼、陈贺为右翼，刘邦率部跟进，将军周勃断后。韩信挥军进攻失利，引兵后退，命左、右翼军继续攻击。

楚军迎战不利，韩信再挥军反击。楚军大败，退入壁垒坚守，被汉军重重包围。

楚军屡战不胜，兵疲食尽。韩信命汉军士卒夜唱楚歌，致楚军士卒在"四面楚歌"之下思乡厌战，军心瓦解。

项羽见大势已去，乘夜率800骑突围南逃。刘邦遣灌婴率5000骑兵追击。项羽迷路，被汉军追至乌江兵败自刎。

汉朝建立后，韩信在为淮阴侯的时间里，与张良一起整理了先秦以来的兵书，共得182家，这也是我国历史上第一次大规模兵书整理，为我国军事学术研究奠定了科学的基础。同时还收集、补订了军中律法。著有兵法3篇。

阅读链接

据民间流传，韩信夫人殷嫱，前秦大臣殷德之女，是刘邦亲封的齐王妃。殷氏一族历朝为大官，后不满秦暴统治，辞官定居今日江南一带为商，书香门第，一带名门望族。

淮安夫人，是韩信死后吕雉所封。韩信死后，吕雉感觉对殷姬有愧，接殷姬入宫封淮安夫人，吕后常与她谈心，有分寸知进退。殷嫱47岁，再去晋见吕雉后，回淮阴途中，感染风寒去世。

淮南王招宾客著《淮南子》

公元前202年，西楚霸王项羽败亡后，刘邦在楚王韩信、韩王信、淮南王英布、梁王彭越、衡山王吴芮、赵王张敖和燕王臧荼等诸侯王的帮助下，由"汉王"而成汉王朝的皇帝，建立了汉朝，完成了由秦到汉的历史性过渡。

汉朝建立后，西汉中央政权与各诸侯王的矛盾很快便浮出水面，各诸侯王纷纷举兵叛乱。

公元前196年，淮南王英布率兵反汉，年老体弱的刘邦抱病亲率大军迎战，并最终将英布击败。

此后，在大大小小一系列针对诸侯王的平叛战争中，刘邦得出了一条"经验教

汉高祖刘邦画像

训"，刘邦认为，各诸侯王之所以会背叛汉朝，关键的原因就在于他们都不是刘家的后代。于是，刘邦开始将诸侯王分封给刘氏的宗室子弟，而他的小儿子刘长则被封为新的淮南王。

此时，淮南王统领的地盘有九江、衡山、庐江和豫章4郡，都城在寿春，也就是后来的安徽刘安寿县。

公元前164年，刘长的长子刘安承袭了父亲的爵位，出任淮南王。此时，汉朝的皇帝是刘邦的四儿子汉文帝刘恒，这位皇帝将原来的淮南国一分为三，分别封给刘长的3个儿子，淮南王刘安统领的地盘大致的范围是：安徽淮河以南，巢湖、肥西以北，塘河以东，凤阳、滁县以西等地区。

淮南王刘安是个博学多才的人，他召集数千名才能出众的文人，云集古都寿春，议论天下兴亡，寻求治世良方，探讨学术方技，搜集古史轶闻。这样一

■ 刘安雕像

来，淮南国便成为当时国内最重要的文化学术中心。

纵观刘安的一生，他的最大成就便是他招致宾客，并主持编写了《淮南子》。这是我国西汉时期创作的一部论文集，刘安为它取名为《淮南鸿烈》，后人也称它为《刘安子》。

■ 刘安画像

该书在继承先秦道家思想的基础上，综合了诸子百家学说中的精华部分，对后世研究秦汉时期文化起到了不可替代的作用。

据《汉书·艺文志》云："淮南内二十一篇，外三十三篇"，颜师古注曰："内篇论道，外篇杂说"。

在此书的序言中，刘安的门客高诱解释道："鸿"是广大的意思，"烈"是光明的意思。作者认为，此书包括了广大而光明的通理。全书内容庞杂，它将道、阴阳、墨、法和一部分儒家思想糅合起来，但主要的宗旨倾向于道家。《汉书·艺文志》则将它列入杂家。

《淮南子》原为鸿篇巨制，共有"内书"21篇、"外书"33篇和"中书"8卷，全书以道家思想为主轴，内容包罗万象，涉及政治学、哲学、伦理学、史学、文学、经济学、物理、化学、天文、地理、农业水利、医学养生等多个领域，是汉代道家学说最重要

诸子百家 是对春秋战国时期各种学术派别的总称，诸子百家之流传中最为广泛的是儒家、道家、阴阳家、法家、名家、墨家、杂家、农家、小说家、纵横家。在这一时期，各种思想学术流派的成就，与同期古希腊文明相辉映，以孔子、老子、墨子为代表的三大哲学体系，形成诸子百家争鸣的繁荣局面。

的一部代表作。不过令人遗憾的是，流传到后来的《淮南子》仅仅只剩下"内书"21篇了。

由于这部《淮南子》著作的产生地是在安徽淮河以南的，为此，这部古籍也是属于两淮文化之中的优秀作品之一。

这部作品吸取了《老子》《庄子》，特别是《黄老帛书》的思想资料，成为集黄老学说之大成的理论著作，它不仅对"道""天人""形神"等问题提出了独特见解，同时又在继承春秋时的"气"说与战国中期稷下黄老之学的"精气"说的基础上，提出了"元气论"的概念和系统的宇宙生成论。

作为西汉时期一部影响巨大的社会百科全书，《淮南子》所蕴含的史学研究价值和丰富的精神智慧，对2000年后的我国科技发展，起到了巨大的推动作用。

阅读链接

据说，在刘安招募的数千门客中，有8个人最具才华，他们分别是苏非、李尚、左吴、陈由、伍被、毛周、雷被和晋昌，这8个人号称是淮南王府上的"八公"。

其中雷被是一位剑艺精湛的剑客，他在与淮南王太子刘迁的一次比试中，失手击中了刘迁，从此惹怒太子，后来更是被逼得在淮南国里待不下去了。雷被于是向刘安请求：跟随大将军卫青去打匈奴。没想到刘安听后，反倒认为雷被起了叛心，并将其免了职。

心怀怨恨的雷被逃出淮南王府，跑到长安城状告刘安有叛逆之心。此时，正忙着"削藩"的汉武帝，正想撤掉刘安的淮南王，便顺水推舟剥夺了刘安的封地。不久，带着满腹的怨恨和遗憾的刘安选择了自杀。

刘安死后，汉武帝下诏废除了淮南国，将淮南故地改为九江郡，收归中央。从此，淮南国便不再存在了。

曹植统领建安文学风骚

曹植，字子建，三国时魏国诗人，文学家。沛国谯郡，即安徽省亳州人。他是曹操与武宣卞皇后所生的第三个儿子。后世将曹植与其父曹操、其兄曹丕合称"三曹"。

曹植自幼颖慧，十余岁便诵读诗、文、辞赋数十万言，出言为论，落笔成文，深得曹操宠爱。曹操曾经认为曹植在诸子中最可定大事，几次想要立他为太子。

公元前210年，曹操在邺城所建的铜雀台落成，他便召集

■ 曹植雕像

了一批文士登台作赋，曹植自然也在其中。

在众人之中，独有曹植提笔略加思索，一挥而就，而且第一个交卷，写成了《登台赋》。曹操看后，赞赏不止。当时曹植只有19岁。

曹植的文学活动主要是诗歌领域，他在诗歌艺术上有很多创新发展，特别是在五言诗的创作上贡献尤大。他的作品前期与后期内容上有很大差异。前期诗歌可分为两大类：一类表现他贵族王子的优游生活，一类则反映他在乱世和军中的时代感受。

汉乐府诗多以叙事为主，至《古诗十九首》问世，抒情成分才在作品中占重要地位。曹植发展了这种趋向，把抒情和叙事有机地结合起来，使五言诗既能描写复杂的事态变化，又能表达曲折的心理感受，

乐府诗 是指由朝廷乐府系统或相当于乐府职能的音乐管理机关搜集、保存而流传下来的汉代诗歌。汉乐府诗歌一是供执政者祭祀祖先神明使用的效庙歌辞，其性质与《诗经》中"颂"相同；二是采集民间流传的无主名的俗乐，世称之为乐府民歌。

■ 三曹塑像

■ 建安七子蜡像

大大丰富了它的艺术功能。

《洛神赋》是曹植的名篇。其原名《感甄赋》，此赋以幻觉形式，叙写人神相恋，终因人神道殊，含情痛别。全赋多方着墨，极力描绘洛神之美，生动传神。格调凄艳哀伤，辞采华茂。

洛神，洛水女神，传为古帝伏羲氏之女宓妃淹死洛水后所化。曹植用："其形也，翩若惊鸿，宛若游龙，荣曜秋菊，华茂春松。仿佛兮若轻云之蔽月，飘摇兮若流风之回雪……"来形容洛神。

曹植在诗歌和辞赋创作方面有杰出成就，其赋继承两汉时期以来抒情小赋的传统，又吸收楚辞的浪漫主义精神，为辞赋的发展开辟了一个新的境界。

《洛神赋》为曹植辞赋中的杰出作品，想象丰富，辞藻华丽而不浮躁，清新之气四逸，令人神爽。讲究排偶，对仗，音律，语言整饬、凝练、生动、优

赋 由楚辞衍化而来，是以"铺采摛文，体物写志"为手段，以"颂美"和"讽喻"为目的的一种有韵文体。它多用铺陈叙事的手法，赋必须押韵，这是赋区别于其他文体的一个主要特征。赋起于战国，盛于两汉。

■ 曹植作品《皇帝赞》刻石

曹丕（187年—226年），字子桓，沛国谯，即安徽省亳州市人，魏武帝曹操与卞夫人的长子。三国时期著名的政治家、文学家。曹魏的开国皇帝。去世后庙号高祖、世祖，谥为"文皇帝"，葬于首阳陵。由于文学方面的成就而与其父曹操、其弟曹植并称为"三曹"。

美。取材构思汉赋中无出其右。

另外，传神的描写刻画，兼之与比喻、烘托共用，错综变化巧妙得宜，给人一种浩而不烦、美而不惊之感，使人感到就如在看一幅绝妙丹青，个中人物有血有肉，而不会使人产生一种虚无之感。

汉末建安时期，以曹操、曹丕、曹植为代表的文坛巨匠"三曹"，以及以孔融、陈琳、王粲、徐干、阮瑀、应场、刘桢为代表的"七子"，继承了汉乐府民歌的现实主义传统，普遍采用五言形式，以风骨遒劲而著称，并具有慷慨悲凉的阳刚之气，形成了文学史上"建安风骨"的独特风格，被后人尊为典范。

无论是"曹氏父子"还是"建安七子"，都长期生活在河洛大地，这种骏爽刚健的风格是同淮汉文化密切相关的。

建安时期的文学作品，尤以诗歌最为突出，建安诗歌是从汉乐府和"古诗"的基础上发展起来的，这些著作表现了时代精神。

曹氏父子当然是建安文学的领军人物，曹操古直悲凉，曹丕便娟婉约，曹植文采气骨兼备。曹氏父子的创作，完成了乐府民歌向文人徒诗的转变，为五言诗的发展开辟了道路。

曹植诗歌创作的代表作有描写游侠少年的《白马篇》，其中"名编壮士籍，不得中顾私"集中表现了游侠少年的爱国精神。

另外曹植还有鼓励朋友建功立业的《赠徐干》；在思妇身上寄托自己的失意和苦闷的《七哀》；描写一个少年斩断罗网，拯救一只黄雀的故事的《野田黄雀行》；描写海边人民贫困生活的《泰山梁甫吟》；以美女盛年未嫁的苦恼寄托自己怀才不遇之感慨的《美女篇》等。

曹植是建安文学的集大成者，对后世的影响很大。

在两晋南北朝时期，他被推尊到文章典范的地位。南朝大诗人谢灵运更是赞许有佳，他说：

天下人的才一共一石，曹植一个人就占了八斗，我只得了一斗，剩下的一斗天下人共占了。

阅读链接

曹植酒后误事，犯了罪，当时已经继承曹操做了魏王的曹丕，想杀掉曹植。二人的生母卞太后出来求情，痛苦流涕。曹丕妒忌弟弟才华，就让曹植七步做成一首诗，方可免死罪。

曹植略略思索了一下，便迈开步子，走一步，念一句，随口就念出了一首诗：

煮豆燃豆萁，豆在釜中泣。

本是同根生，相煎何太急。

曹丕听了，觉得自己对弟弟也逼得太狠，心里感到惭愧，就免去了曹植的死罪。

贾而好儒的徽商文化

徽商文化既是安徽的骄傲，也是两淮和中国的骄傲，公元前300年前，古老的徽州大地上，曾经上演过一幕徽商文化与两淮传统文化相互依存、相互促进、共同繁荣的历史剧，留下了宝贵的物质和精神财富。

"徽商故里"碑刻

古徽州处"吴头楚尾"，属边缘地带，山高林密，地形多变，开发较晚。汉代前人口不多，而晋末、宋末、唐末的3次移民潮，给皖南徽州送来了大量人口，人口众多，山多地少，怎么办？

出外经商是一条出路。

丰富资源促进了商业发展。徽商最早经营的是山货和外地粮食。如利用丰富的木材资源用于建筑、做墨、

■ 徽州古镇牌坊

油漆、桐油、造纸，这些是外运的大宗商品，茶叶有祁门红、婺源绿名品。外出经商主要是经营盐、棉、粮食等。

徽人经商，源远流长，早在东晋时就有新安商人活动的记载，《晋书》记载，徽州人好"离别"，常出外经商。齐梁时，休宁人曹老常往来于江湖间，从事贾贩。

唐宋时期，徽州除竹、木、瓷土和生漆等土产的运销外，商品茶和歙砚、徽墨、澄心堂纸、汪伯立笔等文房四宝产品，更加推动了徽商的发展。

以后代代有发展，明朝成化、弘治年间形成商帮集团。作为古代我国商界中的一支劲旅，徽商商业资

歙砚 因产于歙州而得名。以婺源龙尾山下溪涧中的石材所制最优，故歙砚又称"龙尾砚"。歙砚石具有"涩不留笔，滑不拒墨瓜肤而縠里，金声而玉德"等优点。按天然纹样可分为：眉子、螺纹、金星、金晕、鱼子、玉带等石品。

■ 徽商大宅院

本之巨，从贾人数之众、活动区域之广、经营行业之多、经营能力之强，都是其他商帮所无法匹敌的，所以能在我国商界称雄数百年。

徽商身兼商、儒、仕，很多商人本身就是理学鸿儒、诗人、画家、金石篆刻家、书法家、戏曲家和收藏家。经商致富以后，更加热衷于文化建设，在家乡办学，刻书，藏书，建戏班，办文会，为后世留下了一笔宝贵的文化遗产。

徽商们往往是官、商一体。徽商一旦发迹，衣锦还乡，大兴土木，建楼院、祠堂、修路桥、会馆，以荣宗祖，壮大势力；特别热衷于兴院，开学堂，办试馆，培养封建人才，巩固宗法统治。

明清时期，徽州名臣学者辈出，仅仅有5个小县城的徽州古城就有进士2018人，而歙县一地，明清时期即有43人列入诗林、文苑，出现过"连科三殿，

理学 宋元明清时期的哲学思潮，又称"道学"。广义的理学，泛指以讨论天道性命问题为中心的整个哲学思潮，包括各种不同学派；狭义的理学，专指程颢、程颐、朱熹为代表的、以理为最高范畴的学说，即程朱理学。

十里四翰林"、父子同为"尚书"、兄弟两个一起为"丞相"的逸事，造就了诗书礼仪之风，培育了竞相怒放的徽学之花，给后人留下了异彩纷呈的人文景观和历史景观。

徽商之所以能称雄商界数百年，成为全国十大商帮中之翘楚，是与它的贾而好儒的本质特点分不开的。徽商的贾而好儒首先表现在其思想观念上的崇儒重儒。

如在黟县古民居村落西递村有这样一副楹联：

读书好，营商好，效好便好；
创业难，守成难，知难不难。

从中便可看出徽人对儒与商的看重。

楹联 又称对联或对子，是写在纸、布上或刻在竹子、木头、柱子上的对偶语句，其对仗工整、平仄协调、字数相同、结构相同，是一字一音的中文语言的独特艺术形式。对联相传起于五代后蜀主孟昶。它是中华民族的文化瑰宝。

■ 徽商大宅院内景

■ 徽州屯溪老街

方志 记述地方情况的史志。有全国性的总志和地方性的州郡府县志两类。以省为单位的方志称"通志"，元以后著名的乡镇、寺观、山川也多有志。方志分门别类，取材宏富，是研究历史及历史地理的重要资料。

徽商贾而好儒还表现在他们的实际行动上，即不少商人致富后，或弃贾业儒，或弃贾就仕。

植根于厚实的新安文化土壤之中的徽商，作为一个整体文化素质较高的商帮，他们在商业活动中大多自觉用儒学思想来规范自己的经营活动，讲究义利之道，见利思义，以义取得利，讲究诚信商德，不欺妄奸诈，货真价实。他们善于把握商机，权衡大道，在商海竞争中技高一筹。

他们大多在致富后重视文化建设，捐资兴学，刻书藏书，修方志，邀讲学，培养子弟读书入仕，谋求政治地位的提高，同时也促进了地方的繁荣，孕育了一大批国家杰出人才。

明清时期，徽商以自身的开拓进取创造了商业的繁荣和文化的成就，同时形成了一种儒商精神，树立了一代儒商的形象。徽商最基本的特性是诚实守信和儒雅风范。

儒家思想，被长期奉为我国古代社会的主导思想，影响到社会的各个阶层和方方面面，徽商也长期受其熏陶和影响。

特别是在徽州，受程朱理学影响更为深重；徽商特别重视文化层次和做人品位，他们不仅熟读四书五经，而且对传统的商业也下大功夫进行研究。

同时，儒家思想在一定程度上也符合徽商经营发展的根本利益，所以，能为其所接受。因此，从徽商群体的思想到行为，可以看到他们受儒家影响而体现出崇高的儒家思想特色，也就是"贾而好儒"。这也是"儒贾"徽商的社会基础和思想根据。

作为儒商思想表现之一，徽商在经营中还善于将自己成功的经验撰写成书。徽之儒商可以用6句话概括：

儒家 又称儒学、儒家学说，或称为儒教，是我国古代最有影响的学派。儒家作为华夏固有价值系统的一种表现，并非通常意义上的学术或学派，它是中华法系的法理基础，对我国以及东方文明发生过重大影响并持续至今的意识形态，儒家思想是东亚地区的基本文化信仰。

辉煌篇章

两淮底蕴

■ "徽州丝绸"商号

仁心为质，以义为利，以礼接物；

择地趋时，以智求赢，以诚为本。

　　徽商的"贾而好儒"可以从徽商的经营理念、用人之道、人生哲学和生活情趣4个方面体现出来。

　　据史籍记载，徽商经营之域"诡而海岛，罕而沙漠，足迹几半宇内"，其地无所不至。

　　尤其是在明清时期的江浙一带，商品经济颇为发达，徽商云集，势力强盛，故有"盖扬之盛，实徽商开之"的说法。在湖北汉口，徽商不但建有豪华的同乡会馆，而且，还在江滨建设有"新安码头"，专供徽商停泊船只之用。

　　在沿江其他城市，徽商也是聚集成帮，雄据广大市场。"流寓四方"的徽商为何能在天南地北落地生根、站稳商埠、立于不败之地？其核心就在于"诚信为本"的儒商经营理念。

阅读链接

　　徽商在南宋崛起，到明朝发展成为我国商界和晋商并举的一支劲旅，康熙、乾隆年间，徽商进入鼎盛时期。徽商中最著名的品牌，如张小泉剪刀、胡开文墨业、胡庆余堂国药店、王致和调味豆腐、谢裕大茶行、张一元茶庄、同庆楼菜馆等。

　　胡庆余堂国药店创办人胡光墉，是清代著名徽商。字雪岩，绩溪县人。他早年在杭州经营钱庄，后协助左宗棠创办福州船政局，依靠湘军势力在全国广设当铺和银号，成为富甲江南的特大官商，红极一时的"红顶商人"。他创办"胡庆余堂国药号"，为发掘中国药学遗产做出了重大贡献。

江淮拾英

　　江淮文化区又称两淮文化区，以巢湖为中心，处在长江文化与黄河文化交流的过渡地带，是连接我国南北文化的走廊与桥梁。

　　江淮地区有着悠久的历史文明和丰富的文化遗存，尤其以清代中期活动于扬州的扬州画派和历史悠久的霍邱柳编，以及当地色嫩味美的八公山豆腐而闻名。

　　这些丰富的文化遗存，受到长江和黄河文化的影响，带有浓厚的中原文化色彩。

大胆创新的"扬州八怪"

扬州八怪是我国清代中期活动于扬州地区一批风格相近的书画家总称，或称"扬州画派"。在我国画史上指金农、郑燮、黄慎、李鳝、李方膺、汪士慎、罗聘、高翔、边寿民等人。因其艺术活动多在扬州、故有"扬州八怪"之称。

郑板桥塑像

郑燮，字克柔，号板桥，江苏兴化人，应科举为康熙秀才，雍正举人，乾隆进士。做官历任山东范县、潍县知县，"有政声以岁饥为民请赈……遂乞病归。"

郑燮做官前后，均居扬州，以书画营生。擅画兰、竹、石、松、菊等，而画兰竹成就最为突出。取法于徐渭、石涛、八大山人，而自成家法，体貌疏朗，风格劲峭。

郑燮还擅长书法，用汉八分杂入楷行草，自称六分半书。并将书法用笔融于绘画之中。主张继承传统"十分学七要抛三"，不泥古法，重视艺术的独创性和风格的多样化，所谓"未画之先，不立一格，既画之后，不留一格"。

另外，郑燮诗文真挚风趣，为人民大众所喜诵。亦能治印。有《郑板桥全集》《板桥先生印册》等。

郑燮的代表作是《竹石图》。他画竹有"胸无成竹"的理论，并无师承，多得于纸窗粉壁日光月影，直接取法自然。针对苏东坡"胸有成竹"的说法，他强调的是胸中"莫知其然而然"的竹，要"胸中无竹"。

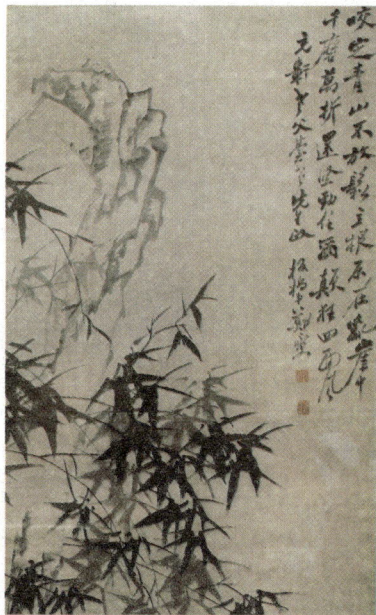

■ 清代郑板桥《墨竹图》

郑燮的代表作是《竹石图》，竹子画得艰瘦挺拔，节节屹立而上，直冲云天，它的叶子，每一片都有着不同的表情，墨色水灵，浓淡有致，逼真地表现竹的质感。

在构图上，郑燮将竹、石的位置关系和题诗文字处理得十分协调。竹的纤细清飒的美更衬托了石的另一番风情。这种丛生植物成为郑板桥理想的幻影。

郑燮的书法以兰草画法入笔，极其潇洒自然，参以篆、隶、草、楷的字形，穷极变化。其"两歇杨林东渡头"行书，体现了他书法艺术独特的形式美，"桃花岸"三个字尤为明媚动人。郑燮别具一格的新

人杰地灵

江淮拾萃

八大山人 即朱耷，明末清初画家，中国画一代宗师。擅书画，花鸟以水墨写意为宗，形象夸张奇特，笔墨凝练沉毅，风格雄奇隽永。擅书法，能诗文。存世作品有《水木清华图》《荷花小鸟图》《六君子图》等。

书体，开创了书法历史的先河。

高翔，字凤岗，号西唐，又号樨堂，江苏扬州人，终身布衣。他善画山水花卉，其山水取法弘仁和石涛，所画园林小景，多从写生中来，秀雅苍润，自成格局。

画梅"皆疏枝瘦朵，全以韵胜"。也善于写真，金农、汪士慎诗集开首印的小像，即系高翔手笔，线描简练，神态逼真。

高翔并且精于刻印，学程邃。也善诗，有《西唐诗钞》。

高翔晚年时由于右手残废，常以左手作画。与石涛、金农、汪士慎为友。清代的李斗在《扬州画舫录》中有过这样的记载：石涛死后，高翔每年春天都去扫墓，直至死都没有断过。从这里也可以看出他们之间的友谊很深。

金农，字寿门，号冬心，久居扬州。平生未做官，曾被荐举博学鸿词科，入京未试而返。他博学多才，50岁后始作画，终生贫困。

金农擅长于花鸟、山水、人物，尤其擅长墨梅。他的画造型奇古、拙朴，布局考究，构思别出新意，作品有《墨梅图》《月花图》等。

金农精于篆刻、鉴定，善画竹、梅、鞍马、佛像、人物、山水。尤精墨梅。所作梅花，枝多花繁，生机勃发，还参以古拙的金石笔意，风格古雅拙朴。又擅长于题咏，"每画毕，必有题记，一触之感"。

金农也擅长书法，取法于《天发神忏碑》《国山

■ 郑板桥的作品《修竹》

石涛（1642年—约1707年），原名朱若极，小字阿长，后削发为僧，更名元济、超济，自称苦瓜和尚，广西人，晚年定居扬州。清代画家、国画一代宗师、书画理论家。书法工分隶，并擅诗文。与弘仁、髡残、朱耷合称"清初四高僧"。存世作品有《淮扬洁秋图》《山水清音图》等。

碑》《谷朗碑》，独创一种隶书体，写隶书古朴，楷书自创一格，号称"漆书"，另有意趣，又谓金农体或冬心体，笔画横粗竖细，撇飘逸而捺厚重，字体多呈长方形，头重脚轻，甚为好看。

李鱓，字宗扬，号复堂，又号懊道人，江苏兴化人。清代康熙年间以绘画召为内廷供奉，因不愿受正统派画风束缚而被排挤出来。在两革科名一贬官之后，至扬州卖画为生。他与郑燮关系最为密切。

李鱓早年曾从同乡魏凌苍学画山水，继承黄公望一路，供奉内廷时曾随蒋廷学画，画法工致。后又向指头画大师高其佩求教，进而崇尚写意。

在扬州又从石涛笔法中得到启发，遂以破笔泼墨作画，风格为之大变，形成自己任意挥洒，水墨融

■ 金农画作《梅花图册》之九

081

人杰地灵
江淮拾英

黄公望 元代画家，书法家，元四家之一。全真派道士。著有《山水诀》，阐述画理、画法及布局、意境等。有《富春山居图》《九峰雪霁图》《丹崖玉树图》《天池石壁图》《溪山雨意图》等传世。

■ 李鳝的山水画作

两淮之风

两淮文化特色写形态

怀素 唐代人，幼年好佛，出家为僧。他是书法史上领一代风骚的草书家，他的草书称为"狂草"，用笔圆劲有力，使转如环，奔放流畅，一气呵成，与唐代另一草书家张旭齐名，人称"张颠素狂"或"颠张醉素"。

成奇趣的独特风格，喜于画上作长文题跋，字迹参差错落，使画面十分丰富，其作品对晚清花鸟画有较大的影响。

黄慎，字恭懋，躬懋，一字恭寿，菊壮，号瘿瓢，东海布衣等，擅长人物写意画，间作花鸟、山水画，笔姿荒率，设色大胆。为"扬州八怪"中全才画家之一。

黄慎青年时，学习勤奋，因家境困难，便寄居萧寺，"书为画，夜无所得蜡，从佛殿光明灯读书其下"。擅长画人物，早年师法上官周，多作工笔，后从唐代书法家怀素真迹中受到启迪，以狂草笔法入画，变为粗笔写意。

黄慎的写意人物，创造出将草书入画的独特风格。怀素草书到了黄慎那里，变为"破毫秃颖"，化连绵不断为时断时续，笔意更加跳荡粗狂，风格更加豪宕奇肆。以这样的狂草笔法入画，行笔"挥洒迅疾如风"，气象雄伟，点画如风卷落叶。

黄慎的人物画，多取神仙故事，对历史人物和现实生活中樵夫渔翁、流民乞丐等平民生活的描绘，给清代人物画带来了新气息。

黄慎的人物册页《赏花仕女图》刻画一美丽女子对花的沉迷。而《西山招鹤图》则取材于苏轼《放鹤亭记》，画面右侧立一白鹤，老叟似在仰望空中飞翔之鹤，童子手挽花篮，却自顾嘻嘻而乐。

李方膺，字虬仲，号晴江，别号秋池，抑园，白衣山人等，寓居金陵借园，自号借园主人。出身官宦之家，曾任乐安县令、兰山县令、潜山县令、代理滁州知州等职，为官时"有惠政，人德之"，去官后寓南京借园，自号借园主人，常往来扬州卖画。

李方膺与李鱓、金农、郑燮等往来，工诗文书画，擅梅、兰、竹、菊、松、鱼等，注重师法传统和师法造化，能自成一格，其画笔法苍劲老厚，剪裁简洁，不拘形似，活泼生动。有《风竹图》《游鱼图》《墨梅图》等传世。

李方膺也能画人物、山水，尤精画梅。作品纵横豪放、墨气淋漓，粗头乱服，不拘绳墨，意在青藤、白阳、竹憨之间。画梅以瘦硬见称，老干新枝，欹侧盘曲。

用间印有"梅花手段"，著名的题画梅诗有"不逢摧折不离奇"之句。还喜欢画狂风中的松竹。

汪士慎，字近人，号巢林，别号溪东外史、晚春老人等，原籍安徽歙县，居扬州以卖画为生。擅长画花卉，随意点笔，清妙多姿。

汪士慎尤擅画梅，常到扬州城外梅花岭赏梅、写梅。所作梅花，以密蕊繁枝见称，清淡秀雅，金农说："画梅之妙，在广陵得二友焉，汪巢林画繁枝，高西唐画疏枝。"

但从汪士慎的作品看，并非全是繁枝，也常画疏枝。不论繁简，都有空裹疏香，风雪山林之趣。他54岁

黄慎人物画《八仙图》

时左眼病盲，仍能画梅，工妙腾于未瞽时，刻印写道：左盲生、尚留一目著梅花。67岁时双目俱瞽，但仍能挥写狂草大字，署款心观，所谓盲于目，不盲于心。

罗聘，字遁夫，号两峰，又号衣云、别号花之寺僧、金牛山人、师莲老人。祖籍安徽歙县，后寓居扬州，曾住在彩衣街弥陀巷内，自称住处谓"朱草诗林"。

罗聘为金农入室弟子，未做官，好游历。画人物、佛像、山水、花果、梅、兰、竹等，无所不工。笔调奇创，超逸不群，别具一格。

罗聘又善画《鬼趣图》，描写形形色色的丑恶鬼态，无不极尽其妙，借以讽刺当时社会的丑态。兼能诗，著有《香叶草堂集》。也擅长刻印，著有《广印人传》。

金农死后，罗聘搜罗遗稿，出资刻版，使金农的著作得以传于后世。其妻方婉仪，字白莲，也擅长画梅兰竹石，并工于诗。子允绍、允缵，均善画梅，人称"罗家梅派"。

罗聘的代表作有：《物外风标图》《两峰蓑笠图》《丹桂秋高图》《成阴障日图》《谷清吟图》《画竹有声图》等。

阅读链接

扬州八怪生前即声名远播。李鱓、李方膺、高凤翰、李勉，先后分别为康熙、雍正、乾隆三代皇帝召见，或试画，或授职。

1743年，弘历见到郑燮所作《樱笋图》，即钤了"乾隆御览之宝"朱文椭圆玺。

1448年，弘历南巡时，封郑燮为"书画史"。罗聘尝三游都下，"一时王公卿尹，西园下士，东阁延宾，王符在门，倒屣恐晚；孟公惊座，觌面可知。"

历史悠久的霍邱柳编

　　在千里淮河中游，有一项相传古老的手工工艺，承前启后，蓬勃兴旺，日益显著地造福着国家、集体和农民大众，它就是驰名中外的霍邱工艺柳编文化产业。

　　霍邱柳编，系指安徽省霍邱县的柳编工艺品，历史悠久，起源于周朝，始兴于明代，再兴于清代。

　　霍邱县位于淮河南岸，有着悠久的杞柳种植历史。杞柳是水生植

霍邱柳编

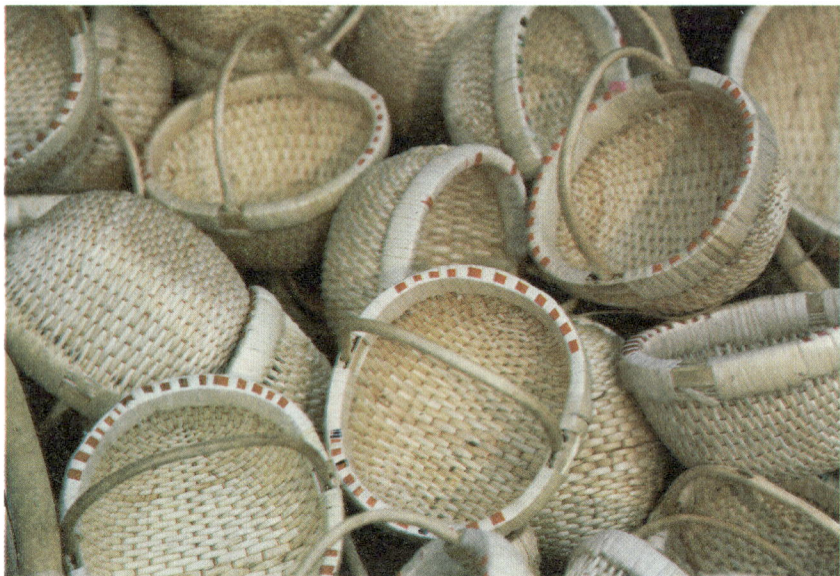

■ 霍邱柳编箩筐

物，是一种生长在低洼潮湿地质中的多年丛生灌木植物，其茎条柔韧，适宜编织笆斗、箩筐、簸箕等盛装物品的器具。

霍邱是沿淮行蓄洪地区，沿淮河低洼地区和城西湖、城东湖滩涂低洼地近50万亩，是适宜杞柳生长的地源。

千百年来，勤劳智慧的淮河中游两岸人民利用自然生长的杞柳，用手工编织成各种情态天然、艺术耐用的生产和生活用品，世代相传，甦繁不息。

但当时只是编织粪筐等简单生产工具，后来才慢慢形成了产业优势。全县杞柳种植总面积达10万亩。为柳编的发展提供了充足的物质基础。

相传明太祖朱元璋做皇帝时，曾号令皖、豫、鲁等沿淮地区广泛播种，发展杞柳制品，利于当地农民在荒年困难时生产自救。朱元璋曾称杞柳为"金根、银条、穷人饭瓢"。

据史料记载，1405年至1433年，明朝朝廷授命郑和率领庞大的海员船队先后7次下西洋，访问了西方30多个国家和地区。

在代表明朝皇帝拜会当地国主或酋长互赠礼品时，在与各国商民交换货物的平等贸易中，便有许多小巧玲珑的工艺柳编花篮、果盘、花瓶，以及一些令人赏心悦目、造型别致的柳篓和方箱，深受西方人的欢迎和喜爱，而这些工艺柳编制品则产生于淮河中游的霍邱等地。

满人入关后，清朝把关内大量的物品运抵关外的东北和朝鲜时，其包装物大多是杞柳编制的各种款式的桶篓和方箱。

清代，霍邱柳编的品种由传统工艺几十种的家庭日常用具发展到精编、细编、透花编、套色编、染色编、混合编等几十种编织技巧，其中混合编包括柳竹混、柳麻混、柳木混、柳草木混等。

此后年年翻新创样，样品竟然达至2000多个种类，不但继承了传统手工艺，而且还发扬光大，形成了独树一帜的柳编新型工艺技术。

柳编编织工艺流程复

柳编 是我国民间传统手工工艺品之一。在新石器时代就出现用柳条编织的篮、筐。春秋战国时期，用柳条编成杯、盘等，外涂以漆，称为杯棬。唐代，在河北沧州和山东宁津以北地区的柳箱已很著名。宋代，人们取杞柳的细条，"火逼令柔曲，作箱筐"。此后，柳编工艺不断发展。传统的柳编品种主要有衣箱、笸箩、簸箕等。

人杰地灵

江淮拾英

■ 清代编筐

杂，做工精细，而且工艺原始独特，纯手工编织而成，就传统花瓶而言，从上经盘底到收口、拿沿，几乎不用什么工具，即使是梁棍、模具也都是土产的"手工造"，但是编织出来的产品，结构严密，形体圆润，其精细程度，令人叫绝，是传统柳编工艺的精品。

尤其"经编""立编"，更为沿淮蒙洼柳编艺人独创的工艺，具有极高的历史传承价值。

霍邱柳编工艺精美，历代艺人代代相传，是一项极其宝贵的民间手工技艺资源，其产品通过着色、烘染，显得古朴、高雅，具有极高的艺术价值。

由于柳编工艺技术难度大，习艺周期长，如刮皮、烘烧等工序非常复杂，所以做起来特别辛苦。

首先在选材上，必须选择霍邱当地生产而且达到质量要求的大白皮杞柳条。再经过浸泡、漂白、清洗等工艺流程。

编织也必须用手工编织，选择经编、扭编、平编、立编、钉编中的一种或多种组合，杞柳条占成品表面积的80%以上。

霍邱柳编工艺制品

再经过造型、修整、熏蒸、染色或喷漆或打蜡，然后晒干或烘干后即可包装。

这样制作的柳编手感光滑，其性柔韧，耐撞击、摔打、挤压，无霉变，无异味，无斑痕，透气性强，经久耐用。如柳篮产品柳条匀称，隙间均匀；产品平整、细腻、柔韧；无炸条，无裂条，无断条；扭纹自然、流畅，条间隙小，立体感强，色泽光亮。

霍邱柳编座椅

而柳编的家具产品柳条均匀、密实、骨架硬实，无断茬、无断条、无破头、无露钉、无钉隙，平整、流畅，古朴美观，色泽靓丽。

霍邱柳编制品属来自纯净的大自然的物品，有利于人们的安全，并具有实惠耐用、点缀装饰、审美欣赏等特点。

它工艺虽小，却能让人得到很大的艺术享受，既有使用价值，也有收藏价值，更有非常丰富的文化内涵，每件产品均有独特而鲜明的文化韵律。

阅读链接

霍邱柳编柳质柔韧细腻，色泽白皙如玉；造型美观高雅，千姿百态；五彩缤纷，亮丽夺目，是其他地方的柳编产品难以比拟的。

这些生产技艺正是霍邱人民长期沉淀的智慧，它难能以机械技术替代之，蕴藏着丰富的历史、文化和科学技术基因，是一份极其宝贵不可多得的历史遗产。

色嫩味美的八公山豆腐

八公山豆腐又名"四季豆腐"，此菜实为素菜的珍品，更为寿县传统名肴。豆腐起源于安徽省寿县地区，距今已有2000多年的历史。据五代谢绰《宋拾遗录》载记载"豆腐之术，三代前后未闻。此物至汉淮南王亦始传其术于世。"南宋大理学家朱熹也曾在《素食诗》中写道："种豆豆苗稀，力竭心已腐；早知淮南术，安坐获泉布。"诗末自注："世传豆腐本为淮南王术。"

豆腐制作场景

明代医学家李时珍《本草纲目》记载："豆腐之法，始于淮南王刘安。"清朝汪汲的《事物原会》中说："西汉古籍有'刘安作豆腐'的记载。"

淮南王刘安是汉刘邦的孙子，2000多年前，建都寿春，也就是后来的寿

县。刘安信奉道教，为求长生不老之药，招方术之士数千人，有名者苏非、李尚等8人，号称"八公"。八公常聚在楚山即八公山谈仙论道，著书立说。

一次，刘安炼丹配料时不慎将石膏掉进乳白色的豆浆里，不一会儿，奇迹就出现了，只见纯白的豆浆逐渐凝成絮状，继而变成了鲜嫩柔滑的豆腐。

刘安求长生丹没有结果，却偶然得到了上佳食品豆腐，可谓是"有心栽花花不发，无心插柳柳成荫"。八公山由此成了我国豆腐的发祥地。

关于八公山豆腐还有一种传说：说刘安在家炼丹不成，胸中烦闷，外出散心，忽见对面北山下来八位老人，虽须长齐胸，但神采奕奕，健步如飞。刘安大惊，疑是神仙，便求长生不老妙方，老人说是吃了用磨碎大豆做成的食物。刘安如法炮制，得豆腐。

但不管如何，豆腐之法是从八公山下传播开来了。这种豆腐采用纯黄豆做原料，加八公山的泉水精制而成。当地农民制作豆腐的技艺世代相传，很多人都掌握了一套好手艺，做出的豆腐细、白、鲜、嫩，深受群众欢迎。

八公山的豆腐之所以美，美就美在山泉水。八公山拥有珍珠泉、玉露泉等多处名泉，泉水澄清味甘，

■ 豆腐制作的传统工艺

《本草纲目》
药学著作，共190多万字，载有药物1892种，收集医方11096个。是李时珍在继承和总结以前本草学成就的基础上，结合作者长期学习、采访所积累的大量药学知识，经过实践和钻研，历时数十年而编成的一部巨著。

燕窝 顾名思义，即是燕子的窝。不过它不是普通燕子的窝，而是一种特殊的燕子"金丝燕"的窝。同属燕类用唾液与绒羽等混合凝结所筑成的巢窝，形似元宝，燕窝因采集时间不同可分为白燕、毛燕、血燕三种。燕窝的营养较高，是我国传统名贵食品之一。

终年不竭，含有大量对人体有益的矿物质。同时，周围农民拥有世代相传的制作豆腐的技艺，更使八公山的豆腐独具特色，久盛不衰。

八公山豆腐制作精细，豆子要磨得均匀，豆渣要滤得干净，制作出的豆腐才能洁白细腻，其成品晶莹剔透，白似玉板、嫩若凝脂、质地细腻，无黄浆水味，托也不散，独具特色，享有"八公山豆腐甲天下"的美称。

经过千百年的演化，八公山豆腐及其制品已经成为我国烹饪原料中的一大类群。它可做成多种菜式，多种造型，可为冷盘、热菜、汤羹、火锅，可成卷、夹、丸、包等，还可调制各种味型，既有干香的本味，更具独一无二的吸味特性，"八公山豆腐的味，远胜燕窝"。

■ 豆腐制作场景

八公山豆腐不仅是味美的食品，它还具有养生保健的作用。中医书籍记载：八公山豆腐，味甘性凉，入脾胃大肠经，具有益气和中、生津解毒的功效，可用于赤眼、消渴、休痢等症，并解硫黄、烧酒之毒。

豆腐制作场景

如硫黄中含有毒成分，经用八公山豆腐煮制后，一可减毒，二可洁净。

因八公山豆腐含有丰富的蛋白质，既可与碱性物质生成沉淀，又能溶解部分酸性有毒物质，减低毒性成分，而且因其表面积大，空隙多，而具有良好的吸附作用。

人杰地灵

江淮拾英

同时，八公山豆腐也是中药炮制辅料之一。如八公山豆腐煮制，系中药炮制方法中的一种，系将药物植入八公山豆腐中并复以八公山豆腐盖上，用火煮至八公山豆腐呈蜂窝状，药物颜色变浅，时间约4小时即可。

这些，都陆续为后世医学、营养学所肯定，俗话说"青菜八公山，豆腐保平安"，这正是人们对八公山豆腐营养保健价值的赞语。

阅读链接

八公山豆腐品种已达千余种，用八公山豆腐制作的豆腐宴，已经成为淮南地区独具一格的上等宴席。

因为豆腐所含的植物蛋白，有人体必需的8种氨基酸，具有一定的医疗保健作用，已经被全球公认为国际性保健食品。美味豆腐正成为发展经济的纽带。

淮水河畔的大明中都皇城

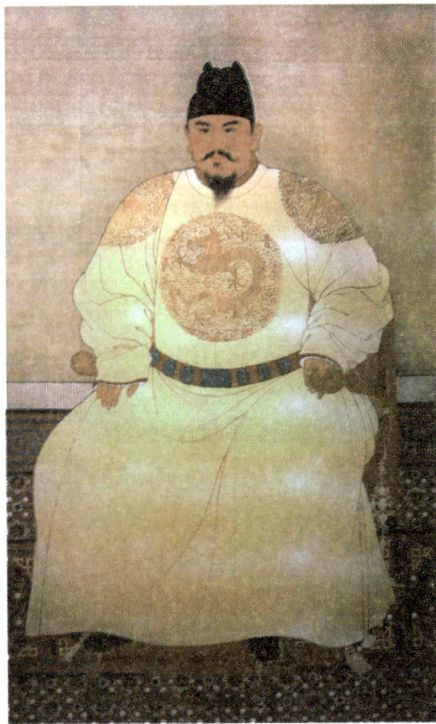

在元朝末期，淮水之畔出现了一位智略超群的英雄，他就是要过饭，当过小和尚的朱元璋。

朱元璋的祖籍是江苏沛县，与汉朝的开国皇帝刘邦同乡，后来，朱家迁居到了江苏句容县通德乡朱家巷。

元朝元年，朱元璋的祖父朱初一就携带全家老小，迁居到淮河下游的重要都市江苏泗州、盱

■ 朱元璋（1328年—1398年），字国瑞，原名朱重八，后取名兴宗。濠州钟离人。明朝开国皇帝，谥号"开天行道肇纪立极大圣至神仁文义武俊德成功高皇帝"，庙号太祖。他在位结束了元朝民族等级制度，努力恢复生产，整治贪官，其统治时期被称为"洪武之治"。

■ 皇帝故事塑像

眙一带，居住在古泗州城北的孙家岗。

据古籍《泗虹合志》中记载着这样一个传说：在古泗州城北杨家墩家有个洼窝，朱元璋的祖父朱初一经常卧于其处。有一次，一个道士路过此处，指着这个地势说，"葬于此处，后代可出天子。"

朱初一把道士的话告诉了朱元璋的父亲朱世珍。10年后，即1327年，朱初一病死，如道士所言，朱世珍便把父亲葬在此地。半年后，朱世珍妻陈氏即怀了朱元璋。

据说，朱元璋幼时非常贫困，曾经为地主放过牛，他25岁时，参加了元末江淮地区的红巾军领袖郭子兴领导的起义军。

朱元璋身材魁梧、英勇机智且多谋善断，很快得到郭子兴的赏识。由于朱元璋率兵打仗，十分注意约束部队，因此很得老百姓欢迎，他在军中的威望也越来越高。

道士 信奉道教教义并修习道术的教徒的通称。道士作为道教文化的传播者，又以各种带有神秘色彩的方式，布道传教，为其宗教信仰尽职尽力，从而在社会生活中，也扮演着引人注目的角色。道士之称始于汉朝，当时意同方士。在道教典籍中，男道士也称乾道，女道士则相应地称坤道。黄冠专指男道士，女道士则相应地称为女冠。

■ 凤阳古城墙

淮西 也称淮右。为一地域名称，宋朝在苏北和江淮设淮南东路和淮南西路，淮南东路又称淮左，淮南西路称淮右。淮右多山，淮左多水。一般指今江淮地区，淮南西路的属地包括安徽淮南台县、庐州、蕲州、和州、潜江市、滁州、潢川县、黄州等。主要指安徽省的江淮地区。

1368年4月，朱元璋终于实现夙愿，建立大明王朝。当上皇帝以后，朱元璋想要做的第一件事便是修建自己的都城。但是，他要把自己的都城修建在哪里呢？这时，朱元璋想到了自己最初参加起义的地方安徽凤阳。

安徽凤阳位于江淮之间，古时称濠梁，在我国古代称为"楚淮之帮"，属"吴头楚尾"，它北靠淮河，南连大别山脉，历史上民风淳朴、山水俊秀。

朱元璋将自己想要在凤阳建都城的想法告诉给大臣以后，大臣们都非常支持他，因为朱元璋身边的文臣武将中，早年跟随他的淮西人数众多，如凤阳府定远县人冯国用、冯国胜兄弟，凤阳府人李善长、徐达、汤和、常遇春等，这些皖籍大将们，早就想功成名就后荣归故里，为此，大家当然也就很支持这位皇帝的想法。

事情正式决定了以后，1369年，朱元璋开始在全国调集百工技艺、军士民夫等，数以万计，大兴土木，在凤阳营建都城。据古籍中介绍，凤阳当时建造的都城"建置城池宫阙如京师之制"，都城以《宫皇图》为模本，设置"行工部"，其"规模之大、规制之盛、工艺水平之高，实冠天下"。

据说，这座都城一共修建了8年，在修建到第八年的时候，凤阳地区发生了一场大水灾，这场水灾直接造成了阳东南两面全部被水包围，凤阳中都城成了一座三面环水的孤城。

在这件事以后，朱元璋终于意识到凤阳地区是不适合作为明朝都城使用的，为此，他重新把都城城址迁到了金陵，并把凤阳作为中都。

这样一来，凤阳地区的皇城便最终没有成为明朝的政治中心，但是，它在城市规划上的某些布局思想，包括它城内的宫殿布局，却影响了后来北京紫禁

■ 明中都皇故城遗址

■ 凤阳鼓楼

紫禁城 也称故宫，位于北京市中心。于1420年建成。明朝第三位皇帝朱棣称帝后，从南京迁都北京，营建的宫殿。是明、清两代的皇宫，无与伦比的古代建筑杰作，也是世界现存最大、最完整的木质结构的古建筑群。故宫全部建筑由"前朝"与"内廷"两部分组成，四周有城墙围绕。

城的规划。据说，北京紫禁城的宫殿布局就是按照凤阳中都皇城的模型而修建起来的。

凤阳中都皇城虽然到最后没有修建完成，但是这座皇城遗址却一直保存了下来，此座中都皇城共有内、中、外三道城。

外城周长约30千米，每座城门内都有一条笔直的干道，纵横交错。中间一道为禁垣，周长7.85千米，平面呈长方形，4面设4门。即南为承天门、北为北安门、东为东安门、西为西安门。

禁垣以内为宽约80米的护城河，被护城河环绕的才是内城，即皇城；皇城周长3.68千米，平面近方形，建筑面积84万平方米；皇城墙高15米，全为特制的大砖所砌。

在中都城内十分明显地存在着一条纵贯全城南北的中轴线。这条中轴线南起外城的洪武门，北到外城未建成的正北门，全长近7千米。

中都城内的各种建筑无不规整对称地排列在这

条中轴线的两侧。居中者为三大殿，其左、右分别为东、西二宫，向两翼分别为文华、武英二殿。其前为奉天门，后为后三宫。

皇城午门以南，左为中书省、太庙，右为大都督府，御史台、社稷。

据史书中记载，中都城在罢建后有9座门、28街、104坊、3市、4营、2关厢、18水关。其布局严格遵守传统的对称原则，重点突出的是中轴线上宫阙的建筑布局。1375年，"罢中都役作"。

后因取材建龙兴寺、历经战火等原因，城墙及宫殿被大量毁坏，至后来，仅剩残存的午门、西华门台基及1.1千米长的城墙，但其规模布局和遗物、遗迹仍十分壮观。

凤阳明中都皇城的重要工程之一明中都鼓楼，曾与西方钟楼遥遥相望，但后来钟楼不复存在，而鼓楼也历经多次损毁，但幸运的是这座我国历史上规模最大的鼓楼基座却完整地保存了下来，鼓楼门洞上方

御史台 古代一种官署名。东汉至元设置的中央监察机构。秦汉以御史负责监察事务。御史所居官署称御史府，又称兰台、宪台。南朝梁陈、北魏魏齐时，称御史台。隋唐五代宋金元历代沿置。是中央行政监察机关，也是中央司法机关之一，负责纠察、弹劾官员、肃正纲纪。明代以后，废御史台，改设都察院。

人杰地灵

江淮拾英

■ 明中都城楼

"万世根本"四个字，虽历经600多年，依然非常清晰。

此外，中都城的许多地方还有砖雕，如东华门、西华门、玄武门的券门以及各处的街道都雕有云龙、凤、海水等图案。宫殿的石栏、望柱上也都刻有浮雕或透雕的飞龙、舞凤、龙云盘绕等图案。

清代时，诗人张宣登中都鼓楼赋诗云：

飞甍画栋连空起，濠梁城外月如水。

踏春人踞最高颠，灯光散落千门里。

明中都皇城是我国古代最豪华富丽的都城之一，在艺术上继承了宋元时代的传统，又开创了明清时代的新风格，它不仅是两淮地区的优秀古建之一，也在我国古代都城建筑发展史上占有重要的位置。

600余年来，中都城建筑几经沧桑，但察其规模布局和遗物、遗迹仍十分壮观。

阅读链接

在凤阳中都城城西南7千米处，还有一处安葬着朱元璋父母及兄嫂、侄儿的遗骨的明皇陵。

皇陵的总体格局基本形式，外有城垣，内有护所、祭祀设施；又在陵前竖起高大的皇陵碑和成双成对的石像生。

这座皇陵一直受到明王朝的悉心保护。之后又屡遭毁坏。使郁郁葱葱的陵园变成光秃秃的土堆，荒芜不堪。

新中国成立后，中都城和皇陵设立了文物管理机构，经过努力，中都城和皇陵周围的环境得到了治理，现有文物古迹也得到了妥善保护。

明太祖的祖宗衣冢明祖陵

　　历史上，作为两淮名人的明代皇帝朱元璋不仅为两淮地区留下了著名的明中都皇城，还在这片土地留下了著名的明祖陵。

　　明祖陵是明太祖朱元璋之高祖、曾祖、祖父的衣冠冢及其祖父的实际葬地，位于江苏盱眙县管镇乡，距盱眙县城20千米左右。

■凤阳明皇陵

■ 明祖陵石刻群

当年，朱元璋建立明朝后，立即追尊其高祖朱百六为玄皇帝，曾祖朱四九为恒皇帝，祖父朱初一为裕皇帝，并于1386年修建明祖陵，追封并重葬其祖父朱初一、曾祖朱四九和高祖朱百六三代帝后，并于第二年在陵前建享殿。

1413年，朱元璋的四儿子朱棣又建棂星门及围墙，至此，明祖陵全部建成。

明祖陵的修建，前后历时近30年，营建时间之长、体制之宏伟，在诸代明陵中名列前茅。其陵枕岗临淮，基本仿唐宋帝陵的规制，但已废止了唐宋诸陵的上下宫制，显得更加紧凑。

陵园总平面呈长方形，筑有城墙三重：外为土城，周长3千米；中为砖城，周长1.1千米；内为皇城，建有正殿、县服殿、神厨、斋房、库房、宰牲亭、玉带桥等。陵前神道两侧，共有21对石像生，自北向南排列在850米长的中轴线上。

十三陵 是明朝皇帝的墓葬群，坐落在北京西北郊昌平区境内的燕山山麓的天寿山。这里自1409年始作长陵，到明朝最后一帝崇祯葬入思陵止，其间230多年，先后修建了13座皇帝陵墓、7座妃子墓、1座太监墓。共埋葬了13位皇帝、23位皇后、2位太子、30余名妃嫔、1位太监。

石刻体形硕大、雕琢精细，其中最大者重达20多吨，小者亦有5吨以上。计有麒麟2对、石狮6对、神道石柱2对、马官2对、石马1对、拉马侍卫1对、文臣2对、武将2对、内侍2对。

这些石刻规模宏伟，技艺高超，线条流畅，整体风格既不同于凤阳皇陵，也不同于孝陵和十三陵，倒与宋陵石刻的风貌相近。明祖陵虽崇丽无比，遗憾的是它不处在高山大阜之侧，而是在有"九岗十八洼"之称的丘岗之地。

据说，明祖陵建成后，每年清明时节，朱元璋都要亲自带御林军从南京出发，浩浩荡荡，前往祭祖。

1494年，明代大臣刘大夏筑太行堤阻断黄河北支，使南支夺淮入海后，河道开始紊乱，淮河中、下游连年洪水泛滥，祖陵不断遭受水患。

1542年后，在陵东不断增修堤防。到1680年，明祖陵和泗州城终于被滔滔洪水吞没。经过湖水长期的侵蚀和冲击，坟丘已被荡平，原先地面的砖木建筑大多毁坏，仅余下棂星门、正殿、东西两庑遗址和残存的30多个大型柱础、砖砌拱顶建筑3座，但神道两侧的21对石像大多完好。

直至后来，洪泽湖水位下降，明祖陵才得以重见天日，

■ 明皇陵神道石像

人杰地灵

江淮拾英

但木制建筑已荡然无存，仅剩外罗城城墙以及后来发掘修复的石像。

为保护明祖陵，后人重修在明祖陵周围筑堤3千米，把陵墓从湖水中隔出，并把沉没湖中300余载的文物瑰宝重修存入陈列室内收藏，复位并修整了陵墓神道前的大型石刻，使其恢复了当年的风姿。

经过重修后的皇陵，为首的是两对低首的内侍臣，接着是两对手按宝剑、气宇轩昂的武将和三对手持牙笏的文臣，下面依次是马倌两对，石马一对，拉马侍从一对。

那3对文官头戴乌纱，身着蟒袍，腰扎玉带，脚登朝靴，胡须垂胸，相貌堂堂；两对武官穿甲戴盔，手按宝剑，双目圆睁，威风凛凛。石刻上，不仅狮子嘴上、马嘴上的细毛根根可数，而且连马镫上的一扣一环也都清清楚楚。

据考古专家介绍，石刻规模之宏大，刻工之精细，造型之优美，线条之流畅，在国内少有。这些石刻群与南京的明孝陵、北京的十三陵相互媲美，名殊其妙。

阅读链接

据说，明祖陵地址上的原名为杨家墩，朱元璋和其儿子一起在这里命人修成了明祖陵以后，泗州城北的杨家墩正式改为明祖陵。

这座皇陵被水淹之后，1963年，洪泽湖水位下降，明祖陵遗址逐渐露出水面，遗物零乱地分布在全长250米的中轴线上，其中有倒在泥水中的20对石象生。

大水塘下隐约露出的几个拱形门，那是墓穴，下面并排有6口棺木。当中是朱元璋的祖父母，两旁则是曾祖、高祖。6口棺材中装的都是蟒袍、玉带，凤冠霞帔，这是衣冠冢。而朱元璋祖父母的尸体葬在离此不远的高埂上。

据说，当年修建陵墓时，朱元璋不敢移动其祖尸骨，怕挑断龙脉，坏了风水，因此在旁边造了衣冠冢。

两淮盐商留下的园林胜景

    话说，朱元璋建立明朝以后，元朝的残余军事力量仍盘踞北方，在漠北建立北元政权，并时刻威胁明朝。为了巩固东北和西北的安全，朱元璋及其后继者多次北伐，但均未荡平北元势力。

■明清时期盐商会馆

明代制盐场景

于是，朱元璋便在东北到西北的边防线建立了9个边防重镇以防御蒙古势力。为供应重镇的军需物资，朱元璋一方面在边境进行军屯，另一方面实施"召商输粮与之盐"的开中制盐法，"盐法边计，相辅而行。"

这时，扬州是得利于大运河而发达的城市之一。地处长江、淮河与运河的交汇点，便成为两淮盐的管理和最大的集运中心。

随着商品经济特别是盐业的发展，扬州成为全国著名的重要商业城市。据说，自明代中后期起，两淮一带其煮盐之场较多，年集散盐达10亿千克，又因食盐之口较重，销盐之界较广，两淮地区的盐商便发了大财。

尤其在清代乾隆朝，"其时扬州盐法全盛"，两淮盐商们在淮扬的政治、经济、文化生活中影响极大，占据举足轻重的地位。

两淮盐商在获得大量的财富以后，仅将一小部分用以进行再生产，更多的钱财除报效朝廷以外，这些商人不惜糜费千万巨金，在扬州兴建了很多著名的园林胜景，以备銮驾临幸。

两淮盐商们掏钱建造的园林，有的是为了扬州的公益事业而修建的，还有的则是为了盐商们自己居住而修建的，在后来的扬州城内，还保存着不少当时修建的著名园林。

如清嘉庆间黄至筠于寿芝园故址改筑而成的个园，鲍志道兴建的西园曲水，汪应庚兴建的大明寺西园，郑元勋兴建的影园、休园，马氏兴建的街南书

煮盐 是指用深腹容器煮沸取自海边滩涂下或盐井里的卤水并加凝固物来结晶成盐。我国古人经过长期的生产实践，沿海人民逐渐摸索出与各地地理、气候条件相适应的煮盐办法。第一步制卤，第二步将卤水放在锅内用火熬煮成盐。

■ 明代制盐场景

■ 扬州个园假山

黄至筠（1770
年—1838年），
又称黄应泰，字
韵芬，又字个
园。原籍浙江，
因经营两淮盐
业，而著籍扬州
府甘泉县，清嘉
道年间为八大盐
商之一。他不仅
是个商人，还是
个画家，在他的
私家园林个园
中，就有他的画
作石刻存留。

屋、黄履暹兴建的趣园、吴家龙兴建的锦春园等。

其中，个园在扬州著名古巷东关街318号，前身是清初的寿芝园。1818年，位居扬州八大两淮盐总第七的黄至筠购得此园，整理、修缮乃至重建，并将其命名为"个园"。

个园占地2.3平方千米，采用古典园林前宅后园的传统格局，住宅、叠石、园竹三分天下，而以竹石著胜。园内修竹万竿，幽篁遍地，劲节拔地，疏枝弄影，于疏朗开阔之中，营造出一种曲折幽深引人入胜的境界。

从住宅进入园林，首先映入眼帘的是月洞形园门。门上石额书写"个园"2字，"个"者，竹叶之形，主人名"至筠"，"筠"亦借指竹，以为名"个园"，点明主题。园门两侧各种竹子枝叶扶疏，与门额相辉映；白果峰穿插其间，如一根根茁壮的春笋。

园门内的第一处建筑便是春景，由白果峰石、乌峰石、太湖石和修竹、桂花共同组成。

个园以"四季假山"，是以门景的竹石为春，以湖石山子为夏，以黄石山子为秋，以宣石山子为冬。园中竹的品种极多，共有60多个品种，占地达12000平方米。加上花园小径，丑石天桥，把竹子的"正直、虚心、气节"的品格发挥到极致。

盐商鲍志道兴建的西园曲水，本是扬州北郊二十四景之一。旧址在虹桥东南，盆景园内。城河由北折西处，曲水当门，饶有野趣，到清代时为西园茶肆，继改园，有濯缨堂、水明楼诸胜。

大明寺西园亦称"御苑"、芳圃，在扬州大明寺西侧。园始建于1736年，为郡人汪应庚所筑。

西园利用蜀岗的自然丘陵，加以人工的奇妙点缀，形成四周山岭环抱，在造园艺术上别具一格。岭间古木参天，沿水种竹，富有浓郁的山林野趣。据

人杰地灵
江淮拾英

■ 扬州个园正门

■ 扬州园林——熙
春台

说，乾隆数度南巡，"御苑"亦日臻完善，以其寺庙
园林的独特风韵，跻身于扬州的大型园林之中。

古籍《平山堂图志》对西园作了这样的描述：

园在蜀岗高处，而池水沦涟，广逾数十
亩。池四面皆岗阜，遍植松、杉、榆、柳、
海桐、鸭脚之属。蔓以藤萝，带以梅竹。夭
桃文杏，相间映发。池之北为北楼，楼左为
御碑亭。

楼前为瀑突泉，高五丈余，如惊涛飞
雪。东有屋如画舫浮池上。临池为曲室数
楹，修廊小阁，别具幽邃之致。园中瀑突泉
二，以拟济南稍泉林之胜。

影园约在明代万历末年到天启初年修建，是两淮盐商郑元勋为奉养母亲，请住镇江的造园名家计成过江造成。影园园址选在扬州城外西南隅，荷花池北湖，二道河东岸中长屿上。园内，柳影、水影、山影，恍恍惚惚，如诗如画。

据说，这座园子修成后，郑元勋就请书画家董其昌为这座园子题个名，董其昌说园中柳影、水影、山影相映成趣，叫影园如何？郑元勋拍手叫绝，董其昌随即挥毫题写了"影园"匾额。

在历史上，与郑元勋的影园齐名的是他的兄弟郑侠如的私家园林扬州休园。在扬州园林中，休园无论从造园尺度还是造园艺术上都很突出。

街南书屋位于扬州东关街，为清雍正、乾隆年间盐商马曰琯、马曰璐兄弟二人住宅园林遗址，因其在东关街南，故称"街南书屋"。

原书屋东至薛家巷，北至东关街，南至韦家井，

111

人杰地灵

江淮拾英

■扬州瘦西湖景色

西至马坊巷，保存到后来的旧屋只有两进建筑。同时，原书屋曾有12景，其中最负盛名的当数一块从太湖购来的小玲珑山石，因此，书屋又被称作"小玲珑山馆"。

园林中有处藤花庵，主人说这地方是处"清斋"。藤花庵的特色是小屋为藤花所绕，青藤掩映，浅绿的幽光弥漫于清斋之中。庵中有4件饶有古趣的物件不可不记，一是树根几，二是雕竹屏风，三是髹漆榻，四是琴砖。

看山楼是园林中的一处待客之楼，楼面不大，有三间屋，楼中陈列雅致，可容一二十人小坐。

"看山楼"所指的"山"有远有近，近处是指楼外一角假山，远处则指江南诸山。楼上看山，楼廊有栏杆，"凭栏远目望江南"。

两淮盐商兴造、扩建的园林，既丰富了名城具有深厚而独特人文景观的内蕴，又丰富了两淮文化，它们为形成扬州后来的城区结构格局、地位及规划其发展方向、创国家一流旅游城市、打下了坚实的基础。

再者，其造园艺术、建筑风格和传统特色，又给后人保护与建设、开发古典园林以重要参考和诸多借鉴、启示。

阅读链接

据说，扬州街南书屋的主人江淮盐商马曰琯有三癖，第一癖便是好收藏古书。他在园林中建了一座丛书楼，后来书太多了，一座楼装不了，又建了一座楼。

马曰琯的第二癖，便是好收藏。当他获得少见文物时，便邀约友人共同欣赏。这些古物有时是宋人绘画，有时是明代漆盘，有时是汉代雁足铜灯，五花八门。

马曰琯的第三癖，是以朋友为性命。马曰琯招待客人的方式也与众不同。别人家一般只管饭管酒管住宿，但是，马曰琯对待朋友则既要管饭管住宿，还要管人家治病等，非常热心。

艺苑风采

两淮地区在长期的历史过程中，形成了地区特殊的地区文化，这些文化艺术反映在广大人民群众的生产生活之中，特别在人民群众的节日中，显示着沿淮儿女对淮河的母亲般赞颂，抒发着每一个淮河儿女眷恋淮河、酷爱家乡的真挚情感，显示着淮河儿女的勤劳、勇敢和智慧。

其非常有名的地方艺术花鼓灯早已声名远播，而淮剧、徽剧等，在中华文化大厦中，也拥有属于她们的一席之地。

以坐唱为主的扬州清曲

表演扬州清曲需用的乐器月琴

扬州清曲又名"广陵清曲",旧时俗称"小昌"或"小曲",是两淮地区既古老又有影响力的曲艺之一。扬州清曲历史久远,元代小唱、散曲是其渊薮,流传于全国许多地区。

扬州清曲大部分音乐源自本地小调,再次为"传自四方"的各地小调,其音乐具有民间性及地域特性。曲词题材极其广泛,曲目十分丰富,而且明代的许多小曲风韵仍有保留。

扬州清曲至清代康熙、乾隆年间达到全盛阶段，无论在音乐曲牌、乐器伴奏方面，还是在曲目唱本方面，都异常丰富，并以其腔调的细腻、缠绵和抒情著称。

扬州清曲的曲调有"软平""叠落""骊调""楠调""满江红""芦江怨""耍孩儿""杨柳青"等116支，这些曲牌除来自扬州本地小调外，还吸收了昆曲、徽剧、淮黄、道情及外地的民间歌曲。

扬州清曲的演出不需要庞大的演职员队伍，不需要大型的剧院舞台、不需要繁杂的舞美、灯光道具等，它和许多曲种一样，除了书场、剧场，厅堂也可演出。演员一两人也行，4人至6人最佳，最多不超过8人，唱奏者每人操一种乐器。

■扬州清曲表演

扬州清曲是曲牌体"坐唱"艺术，不化妆、不表演，以歌唱来表达情感，刻画人物形象，一唱到底，清新、清雅，雅俗共赏。

但扬州清曲对艺人有特殊的要求，每个艺人不但会唱，而且都会演奏一种或几种乐器，更重要的是要能"手口相应"，协调和谐，做到"自拉自唱、自弹自唱"。

因此，也就是说艺人既是演唱者，又是伴奏者，不需另设乐队。严格地讲，不能手口相应，就不是合格的清曲艺人。这就是清曲传统的特殊性。

清曲唱腔共性音乐特征为：多级进的腔格间常夹杂有四度小跳进、曲折环绕的腔型线伴随平直缓上缓

道情 我国曲艺形式的一种，是道教宣传教理教义，为道教服务的一种民间演唱曲艺。最初宣扬道家的修身养性，改恶从善为宗旨，也是道家所说的"点化"。后来用一般民间故事做题材，用渔鼓和简板伴奏。

古代表演扬州清曲的女子

下型、悠扬的行腔从容不迫、平稳的节奏不急不躁、润腔的使用不甜不腻、无强烈对比性结构及发展手法，整体平和雅致，清越动人。

这些音乐特质给清曲音乐带来婉柔不细腻、刚韧不桀骜、柔中有韧、刚柔并济的审美情感，给人清幽典雅、旖旎缠绵又不失爽朗稳健的感受。

最有艺术价值的是其音乐，其中"五大宫曲"具有强烈的艺术个性，唱曲牌，有单支和联套。

唱腔曲调为各类曲牌，早期主要用"劈破玉""银纽丝""四大景""倒扳桨""叠落金钱""吉祥草"等，后来主要用"软平""骊调""南调""波扬""春调"等。

清末时期，小曲有了很大的发展，影响也日益扩大。在与外地说唱艺术的长期相互交流过程中，一方面有不少小曲曲牌流传到四川、湖北、湖南、江西等省；另一方面本地小曲也吸取了一些外地民歌，从而使曲牌较以前更为丰富，曲调更为多彩。许多曲牌被本地扬剧吸收，丰富了扬剧音乐。

在曲牌丰富的基础上，又出现了大量用多支曲牌连缀的"套曲"，以及由数首套曲组成的连本套曲，

116

两淮之风

两淮文化特色与形态

琵琶 一种传统的弹拨乐器，距今已经有2000多年历史。最早被称为"琵琶"的乐器大约在我国秦朝出现。"琵琶"二字中的"珏"意为"二玉相碰，发出悦耳碰击声"，表示这是一种以弹碰琴弦的方式发声的乐器。"比"指"琴弦等列"。"巴"指这种乐器总是附着在演奏者身上，和琴瑟不接触人体相异。

可以演唱有较多情节的长篇故事，表现各种人物的思想感情，如《三国志》《红楼梦》《凤儿呀》以及难度相当大、被认为可用作检测清曲歌唱水平高低的《九腔十八调》等。

在演唱方面，清曲逐渐以男性居多，唱法上有了"窄口"与"阔口"的区分，前者指男性模仿女性声腔，后者指男性用本来声腔，伴奏渐趋统一用二胡、琵琶等丝弦乐器和敲打檀板、瓷盘、酒杯，更显典雅和富有地方特色。

清曲传统的表演形式为多人分持琵琶、三弦、月琴、四胡、二胡、扬琴由及檀板、碟子、酒杯等自行伴奏坐唱，走上高台后大多由5人分持琵琶、三弦、二胡、四胡和扬琴自行伴奏坐唱。

节目分为采用单支曲牌演唱的"单片子"和两支以上曲牌连缀或联套演唱的套曲两种类型。套曲又分为"小套曲"和"大套曲"，以"满江红"为主要曲调的套曲俗称"五瓣梅"。

扬州清曲的曲目十分丰富，共有传统曲目493种。

阅读链接

扬州清曲的演唱分职业性和自娱性两种，前者在旧时以个人或家庭为单位，走街串巷或在航行于内河的客船上卖艺，后来主要由专业曲艺表演团体的专职演员进行表演。

后者多系店员、小手工业者和知识阶层的市民客串演唱，有些人甚至在创作唱本和音乐曲调的改革整理方面有所贡献，还有些人做过一些理论性的整理研究工作，如王万青即著有《扬州清曲唱念艺术经验》。

载歌载舞的花鼓灯艺术

花鼓戏表演

花鼓灯是流传于淮河流域的一种以舞蹈为主要内容的综合性艺术形式。有歌有舞有戏剧，具有独特的艺术风格和丰富的艺术语言，它的舞蹈动作刚健朴实、欢快热烈、动作洒脱，表演风格富有浓郁的乡土气息。

从古至今，花鼓灯始终以华夏文明的主体形象出现，它的音乐源自民歌，题材广泛，节奏多变，或高昂激越或婉转纤柔，是汉民族最具代表性和震撼力的民间舞蹈。

安徽凤阳花鼓灯

花鼓灯起源于夏代。相传在涂山脚下，大禹会诸侯的地方，大禹娶了涂山氏的女儿女娇为妻，新婚不久，大禹便出征为天下人治水。

大禹治水13年，3次路过家门而不入，女娇十分想念大禹，每天抱着儿子启站在山坡上向着远方眺望，祝愿丈夫治水成功，早日归来。

由于她望夫心切，精诚所至，化成了一块巨石，后人称为"望夫石""启母石"。为了纪念他们，人们盖起了禹王庙，每年农历三月二十八赶庙会，打起锣鼓，跳起舞蹈，从此就有了花鼓灯。

至宋代，花鼓灯已发展成为比较系统的艺术形式，在民间舞蹈艺术中占据了举足轻重的地位。每年举行的艺术灯会，花鼓灯都是作为压轴戏，因此被称为"缀大灯"而闻名于世。

在服装道具上，宋代舞队中的女主角普遍在头顶戴花冠，直至后世，花鼓灯的腊花依然保留着这种装饰，这在我国汉族传统民间歌舞中是绝无仅有的。

庙会 又称"庙市"或"节场"。是指在寺庙附近聚会，进行祭神、娱乐和购物等活动。庙会是我国民间广为流传的一种传统民俗活动，是一个国家或民族中被广大民众所创造、享用和传承的生活文化。

戏剧 指以语言、动作、舞蹈、音乐、木偶等形式达到叙事目的的舞台表演艺术。由于文化背景的差别，不同文化所产生戏剧形式往往拥有独特的传统和程式，比如西方戏剧、中国戏曲、印度梵剧、日本能乐、歌舞伎等。

安徽凤阳花鼓灯

两淮之风

两淮文化特色与形态

花灯 又名灯笼。起源于西汉时期，每年的农历正月十五元宵节前后，人们都挂起象征团圆意义的红灯笼，来营造一种喜庆的氛围。后来灯笼就成了我国人喜庆的象征。经过历代灯彩艺人的继承和发展，形成了丰富多彩的品种和高超的工艺水平。我国的灯笼综合了绘画艺术、剪纸、纸扎、刺缝等工艺，在我国古代制作的灯彩中，以宫灯和纱灯最为著名。

如宋代《乐学规范》记载：

竹竿子……柄以竹之，朱漆，以片藤缠结，下端蜡漆铁桩，雕木头冒于上端，又用细竹一百个插于木头上，并朱漆以红丝束之，每竹端一寸许，裹以金箔纸、贯以水晶珠。

在队形变化和舞蹈技巧上，宋代的民间集体舞，十多人至几十人不等，舞蹈队形的变化有"勾队""放队""海眼"，一字形、方阵形。

姿态有坐有立，变化多端，交叉进行，围成圆圈旋转着进退而舞，一些舞蹈动作是对武术、杂技的借鉴和糅合，类似"打虎式""骑马蹲裆式"等武术动作，类似"叠罗汉""虎跳"等杂技动作，都在花鼓灯中得到了很好的保存。

宋代用音乐、舞蹈、诗歌相结合的艺术形式，通过情节和人物来表现简单的生活事件和群体情绪，已成为汉族民间歌舞发展的主要趋势。

据成书于清代的《凤台县志》记载，花鼓灯历史悠久，宋代就流传于淮河流域的怀远、凤台一带。

流行在淮河流域的安徽、河南、山东、江苏部分地区的泗洲戏、淮北花鼓灯、卫调花鼓戏，淮剧、推剧等，都是花鼓灯的后代。

流行于湖北、湖南、安徽等地的花鼓戏，以及流行于云南、贵州、四川等地的花灯、花鼓戏，它们在艺术形式上，都不同程度地表现出与花鼓灯艺术相同的特点。

清代初期，花鼓灯艺术得到了迅速的繁荣。著名剧作家孔尚任在观看花鼓灯表演后，写下《舞者词》一阙，描绘了花鼓灯优美的舞姿和精妙轻捷的技巧。

凤台花鼓灯在清光绪之前就已形成一套完整的表演形式，有了较为丰富的舞蹈和锣鼓。清光绪年间，玩灯闹元宵的风俗很盛，规模庞大。劳苦大众在新春佳节，通过玩灯抒发对美好生活的向往，对爱情

安徽凤阳花鼓灯

的追求。另外，花鼓灯演出还与求雨、还愿等活动密切相连。

花鼓灯艺术在淮河流域有着广泛的群众基础。"兰花舞"是广大群众进行集体健身的主要项目，花鼓灯表演逐渐成为喜庆节日文艺表演的重要部分。

花鼓灯热烈、奔放、敏捷、灵巧、优美、细腻，兼有悲剧和喜剧因素，突出体现了我国汉族民间歌舞艺术的主要美学特征，集中展现了我国汉族民间歌舞形式上的主要特点，充分显示了我国民间歌舞艺术的基本格调。

花鼓灯是典型的民间广场艺术，它以锣鼓为乐，运用折扇、手绢和花伞，通过优美的动作和民歌小调，抒发丰收之后的欢乐心情。

花鼓灯锣鼓音乐是我国打击乐中的精华之一。它节奏鲜明，边打边舞，极富表现力。花鼓灯舞蹈的节奏、步伐、动律产生于锣鼓音乐，两者关系极为密切。

花鼓灯舞蹈兼有南北文化之长，既有北方刚劲爽朗的特点，又有南方柔美的风韵，形成了热烈、奔放、迅捷、灵巧、优美、细腻的艺术风格和地方特色，具有特殊的美感力量。

阅读链接

新中国成立后，花鼓灯艺术迎来了高峰期，花鼓灯事业取得了巨大成就。

新时期花鼓灯的主要特点，一是为社会主义建设服务，为人民服务；二是在内容和形式上都反映了时代的风貌；三是花鼓灯艺术家队伍不断壮大，专业文艺工作者成为花鼓灯艺术的主力军。

名扬华夏的徽剧艺术

徽剧形成于安徽徽州、池州、太平一带。它是多方吸收明末清初流行的优秀戏曲艺术，逐渐丰富发展起来的。

在我国戏曲发展史上，不仅京剧是在徽剧的基础上演变形成，我国南方的许多地方戏曲剧种，也都与它有着历史渊源关系，其影响几乎遍及全国。

明代中叶，安徽南部的徽州、池州成为我国东南商业、文化的中心之一，当时著名的戏曲声腔，如余姚腔、弋阳腔已在这一带流行。

明代嘉靖、万历年间，这一带产生了徽州腔、青阳腔、太平腔、四平腔等多种声腔。这些声

徽剧表演

腔兴起后，很快风靡各地，如徽州腔和青阳腔被称为"天下时尚南北徽池雅调"。

明末清初，西秦腔等乱弹声腔流入安徽，受当地诸腔影响，逐渐衍变，形成了徽调主要唱腔之一的拨子。拨子高亢激越，常和当地委婉柔和的吹腔在同一个剧目中配合使用，习称"吹拨"。

拨子和吹腔可以结合使用，往往在一本戏中，唱腔采用吹腔与拨子两种腔调，抒情时唱吹腔，激昂处唱拨子；文戏部分唱吹腔，武戏部分唱拨子。

这种互取其长的配合运用，渐渐发展、融合、衍变，于是产生了二黄腔。

清代乾隆时期，二黄腔盛行于皖南、鄂东、赣东北相邻地区，由于戏班和艺人交流频繁，二黄腔又与湖北西皮形成皮黄合奏，奠定了徽剧的基础。当时，齐集扬州的各地乱弹戏班，以"安庆色艺最优"。

清代初期，徽剧盛行于安徽及江浙一带，在南方流布甚广；清中期，风靡全国。

徽剧的音乐唱腔可分徽昆、吹腔、拨子、二黄、西皮、花腔小调等类。

徽昆的唱腔曲牌较苏昆粗犷强烈，以演武戏为主，多用大小唢呐伴奏，配以大锣大鼓，气势宏伟。

吹腔以笛和小唢呐为主要伴奏乐器，有曲牌、板式变化加曲牌体、板式变化体等三类唱腔结构体制。

花腔小调多为民间俗曲俚歌，也包括啰啰腔，生

曲牌 是传统填词制谱用的曲调调名的统称。俗称"牌子"。古代词曲创作，原是"选词配乐"，后来逐渐将其中动听的曲调筛选并保留下来，然后以此作为依照，填制新词，这些被保留的曲调仍多沿用原曲名称。明代以前所形成的戏曲声腔，如昆山腔、弋阳腔，以及由明清俗曲发展成的戏曲剧种，大多以曲牌为唱腔的组成单位，通称作"曲牌体"唱腔。

活气息较浓，有70多首曲调。

徽剧的伴奏乐器多以徽胡、笛、唢呐为主。徽胡又称科胡、木杆、丝弦，琴筒内直径为二指，用短弓弓法，配以揉、滑等指法，有独特韵味。

拨子以枣木梆击节，初用弹拨乐器伴奏，与吹腔结合后改用唢呐、笛和徽胡。

二黄除老二黄用唢呐伴奏外，其他都以徽胡为主，分男女宫，有导板、原板、回龙、哭板、散板、流水等板式。

西皮也以徽胡为主要伴奏乐器，有文、武导板、散板、摇板、流水、原板、叠板、哭板等板式，有西皮、反西皮两类。

另有一种乐器，称为"先锋"，也叫"挑子""虾须"，喇叭形，长5尺，铜制，分3截，可伸缩，用于出将、法场、出鬼怪。打击乐器有单皮鼓、牙板、大堂鼓、云鼓、徽锣、大钹、小锣、小钹、云锣等。

徽剧的角色分行早期为末、生、小生、外、旦、贴、夫、净、丑 9 行。浙江徽班分老生、老外、付末、小生、正旦、花旦、作旦、老旦、武小旦、三梁旦、大花脸、二花脸、小花脸、四花脸、杂共15行。

徽剧在表演上具有动作粗犷、气势豪壮的特点，由于继承了安徽旌阳一带目连戏艺人的技艺，徽戏表演一

■ 徽剧人物表演

徽剧人物

直擅长武戏，有翻台子、跳圈、窜火、飞叉、滚灯、变脸等许多特技，并吸收民间武术如"红拳"等成为武打中具有特色的招式。

徽剧传统剧目丰富，其中徽昆剧目是以武戏为主，有《七擒孟获》和《八阵图》等；昆弋腔剧目有《昭君出塞》《贵妃醉酒》等；西皮剧目有《战樊城》《让成都》等。

皮黄剧目有《龙虎斗》和《反昭关》《宇宙锋》《花田错》等；花腔小戏有《李大打更》《探亲相骂》等。

1790年，徽班名艺人高朗亭率三庆班入京。接着，春台、和春、四喜等徽班又相继进京演出，名噪华夏，即所谓"徽班进京"。

徽班进京后，又吸取京腔、秦腔、昆曲、汉调等剧种的长处，经程长庚等名艺人的创造改革，大约经过了50年的孕育，到道光、咸丰年间，遂形成后来的京剧而流行全国。

阅读链接

清代徽班演员高朗亭，1774年出生，艺名月官，祖籍江苏省宝应县。他早年在杭州、扬州等地演出。1790年，他率扬州徽班入京。1803年，他任三庆班班主，并任北京戏曲艺人的行会组织精忠庙会首。他所率的三庆班与四喜、春台、和春三班并称为"四大徽班"。

因高朗亭为徽调雄踞北京开了先声，时人誉为"二簧之耆宿"。后虽年龄稍大，观众仍百看不厌。在唱腔上，他吸收京、秦二腔，并将流行歌曲小调加以糅合，为京剧的形成做出重大贡献。

兼收并蓄的淮剧艺术

淮剧是我国汉族戏曲剧种，又名"江淮戏"。源于清代，流行于淮河流域的江苏省、上海市和安徽省部分地区。

清代中叶，江苏盐城、阜宁、淮安、清江市两淮地区和宝应、兴化等老扬州部分里下河地区，民间流行着一种由农民号子和田歌傩傩腔、栽秧调发展而成的说唱形式"门叹词"，形式为一人单唱或两人对唱称之为"二可子"，仅以竹板击节。

后来，这种表演形式与苏北民间酬神的香火戏结合演出。之后，又受徽戏和京剧的影响，在唱腔、表演和剧目等方面逐渐丰富，形成了淮剧。

淮剧人物

淮剧人物表演

扎靠 指古代战将穿的铠甲被艺术化了的戏曲服装。在传统剧目中，有一种武生是专长扮演穿靠的古代将士，多扮演古代人物中的主帅或大将，要求具有大将的风度，统帅的气质，威武稳重，刚劲有力；这样的剧目中，演员在唱、念、做、打、舞诸方面表演都是吃重的。

最初的淮剧，多为民间生活小戏，主要唱调是在门叹词、香火调和部分民歌小曲基础上发展而成的淮调。后受徽戏和京戏影响，移植演出了一些表现历史生活的大戏，因需扎靠、打把子，故称"靠把戏"。

在唱腔上，淮剧相应吸收了徽戏的唱腔加以变化，创造了"靠把调"，即老徽调。

早期淮剧以老淮调和靠把调为主，唱腔基本上是曲牌连缀结构，未采用管弦乐器伴奏。

20世纪初期，何孔德、陈达三等把淮剧带到上海。何叫天又创出连环句唱调，进一步丰富了自由调，随表现内容的不断更新，淮剧的流派唱腔也出现了纷呈并茂的繁荣景象。

后来，戴宝雨、梁广友、谢长钰等人，又在香火调的基础上，开始创作了采用二胡伴奏的一些新调，因二胡用琴弓拉奏，故名"拉调"。

拉调唱腔在板式变化上有新的丰富和发展，加之此时出现了李玉花、董桂英等第一批女演员，使淮剧表演得到了较大的提高，流动地区也从盐城、阜宁、淮安、宝应、兴化一带，逐步扩大而遍布江苏全省。

淮剧语言是以江淮官话的方言为基调，并兼顾附近的淮安、盐阜等地方言而戏曲化的一种舞台语言。

建湖县地处淮剧艺术发祥地的中段，历史上的童子、香火戏艺人大多出生于此。该地的语言与周围地区相比，具有语调工稳、四声分明、五音齐全、富于韵味、发音纯正、悦耳动听等优点，为不同时期的淮剧艺人所采用。

淮剧语言在长期的实践中逐步形成了20个韵部。其中四声韵14个，即爬沙、婆娑、图书、愁收、乔梢、开怀、齐西、谈山、田仙、辰生、琴心、垂灰、常商、蓬松。

实际运用中，通常将辰生和琴心混合使用。14个四声韵中，阴平、阳平字因在唱词中专用于下句，故

■ 淮剧表演

淮剧表演

称为下韵；上声、去声字专用于上句，则称之为上韵。

此外，还有6个入声韵，即霍托、活泼、六足、黑特、邋遢、锅铁。入声不分上、下，习惯称之为"一字韵"。

淮剧从唱法表演还可以分为"西路淮剧和东路淮剧"，西路淮剧主要是淮安和宝应地区，该地区是早期淮剧的发源地，表演唱法以老淮调为主调，表演略显生硬；东路淮剧以盐阜地区为主要发源地，表演唱法以"自由调"为主调，表演灵活。

从地区来分，又可分为南片和北片，南片主要指上海和周边地区；北片主要指盐阜两淮扬泰等地区。南片充满着都市气息，而北片保留了淮剧的乡土气息！

淮剧唱腔的曲体结构，系从原无伴奏高腔音乐系统演化为戏曲化、抒情性的板腔音乐体系。由于历代艺人的不断吸收创造，逐步形成拉调、淮调、自由调三大主调。

淮调高亢激越，诉说性强，大多用于叙事；拉调委婉细腻，线条清新，适用于抒情性的场景；自由调旋律流畅，可塑性大，具有综合性的表现性能。

围绕三大主调而派生的曲牌有叶子调、穿十字、南昌调、下河调、淮悲调、大悲调等数十首。

与此同时，从民间小调中吸收并衍化成戏曲唱腔的还有兰桥调、八段锦、打菜台、柳叶子调、拜年调等160多首。这些曲调除部分民间小调外，其主调的调式、调性都较相近，结构形式也完整统一。

淮剧的打击乐是在香火调锣鼓的基础上，广泛吸取了民间麒麟锣、花鼓锣等，经过衍变，形成了淮剧特有的锣鼓谱。

此外，以扁鼓、铙钹、堂鼓组合而成的打击乐器配置，音色浑厚，色调明朗粗犷。

淮剧表演上素称能时、能古、能文、能武，由于曾与徽剧、京剧同台演出，所以它较多地吸收了两个剧种的表演程式，同时又保持了民间小戏和说唱艺术

八段锦 也是一种优秀的我国传统保健功法，它动作简单易行，功效显著。古人把这套动作比喻为"锦"，意为动作舒展优美，如锦缎般优美、柔顺，又因为功法共为8段，每段一个动作，故名为"八段锦"。

■淮剧人物表演

的某些特色，如以唱功见长等。

淮剧的角色行当有生、旦、净、丑，各行又有分支。如生行分老生、小生、红生、武生，旦行分青衣、花衫、老旦、彩旦、闺门旦等。

早期的三可子，只有小生、小旦、小丑3个行当。后来受徽剧、京剧影响，才逐渐有所发展，有"大二三花脸，老少父母旦"之说。

但也并非全部严格分行。如小生演员，也能唱老生、丑行。花旦演员，也能唱青衣、武旦。很多演员都是一专多能，文武双全。少数全能的演员，能担任淮剧所有行当的角色。

淮剧的武打受徽剧影响较深。如《滚灯》，头顶一叠碗，最上面一只碗盛油点灯，钻桌上凳作劈叉、倒立、乌龙搅等动作；其他如耍盘子、耍火流星、耍手帕、踩木球等杂技，也大多从徽戏吸收而来。

淮剧流派有筱派旦腔、何派生腔、李派旦腔、马派自由调、徐派老旦、周派生腔、杨派生腔、李派生腔八大流派。分别是淮剧名家筱文艳、何叫天、李玉花、马麟童、徐桂芳、周筱芳、杨占魁、李少林在长期的艺术实践中形成和发展的淮剧艺术流派。

阅读链接

淮剧的经典剧目：早期有生活小戏《对舌》《赶脚》《巧奶奶骂猫》等，大戏"九莲十三英"即《秦香莲》《蓝玉莲》等9本带"莲"字的戏和《王二英》《苏迪英》等13本带"英"字的戏。

传统经典剧目有《赵五娘》《莲花庵》《孔雀东南飞》《孟丽君》《打金枝》《牙痕记》《血手印》《玉杯缘》《吴汉三杀》《九件衣》《哑女告状》《恩仇记》《柜中缘》《白蛇传》《李翠莲》《岳飞》《团圆之后》《蓝桥会》《千里送京娘》《状元袍》《官禁民灯》以及清宫戏《蓝齐格格》等颇有影响。

由香火戏形成的扬剧

扬剧原称"淮扬戏"，俗称"扬州戏"，流行于两淮地区的扬州、镇江地区和安徽省的部分地区及南京、上海一带。

最初以扬州民间歌舞小戏花鼓戏和苏北民间酬神赛会时由男巫扮演的香火戏为基础，吸收扬州清曲、地方民歌小调而最终成型。

很久以前，江都老百姓有在厅堂陈放香柜的习俗，据说香柜是专为烧香敬神王所用。至清代初期，由祭祀酬神的摆案烧香火发展到兼有表演娱乐的香火会，他们的表演发展到以唱、念、做、打等功夫来表演完整的

淮剧人物

■ 扬剧人物表演

故事的时候，就成了戏剧，人称"香火戏"。

苏北香火戏由扬州进入上海后改称"维扬大班"。之后扬州花鼓戏进入上海，改称"维扬文戏"，多年之后，两种戏合并形成维扬戏，后简称"扬剧"。

扬州的花鼓戏原是一种民间歌舞，很古的时候起，江都的吴堡、武坚一带就流行着唱秧歌、打花鼓、踩高跷、送麒麟等娱乐的技艺。

这些技艺通常在传统的节日表演，后来，这些表演中渐渐融入了故事、人物和行当的分工，内容大都是男女爱情之类，身段舞姿，都有一定的规格和要求，具有了戏剧的形式，因这种戏剧是从花鼓发展来的，就被人们叫作"花鼓戏"。

花鼓戏原有两个角色，分别为小面即小丑和包头小旦。演出时先由全体演员"下满场"，即一种集体歌舞，然后由小面和包头对歌对舞，称为"打对子"或"踩双"。

这种花鼓戏从清代乾隆年间就形成了，在民间不断发展的过程中，又吸收了徽班和其他剧种的剧目，可以演40多个情节简单的剧目，如《探亲家》《种大麦》《借妻》《僧尼下山》《荡湖船》《王樵楼磨豆腐》等。

清代末年，扬州花鼓戏第一次由农村到杭州演

花鼓戏 我国戏曲剧种，是各地方小戏花鼓、灯戏的总称。有湖南、湖北、皖北花鼓戏等，以湖南花鼓戏影响较大。花鼓戏源出于民歌，逐渐发展成一旦一丑的初级表演形式。

踩高跷 是我国古代百戏之一种，早在春秋时已经出现。表演的人将双脚分别绑在木棍上，化装成各种人物，一人或多人来往逗舞，由唢呐伴奏，表演有趣的动作或故事。

出，获得成功，并引起京剧界的瞩目。第二年，又登上上海大世界舞台，轰动了各处的游艺场。

为了满足广大观众的需要，艺人就把维扬小曲里的唱本如《王瞎子算命》《小尼姑下山》等改成剧本上演。音乐方面除了"梳妆台"曲调外，又加入了维扬小曲中的一些曲牌。

这时的花鼓戏已发展到盛极一时的地步，艺人胡大海首先感到花鼓戏这个名称已不适应当时的演出，在他的倡议下，改称为"维扬文戏"，以区别"维扬大班"。

"维扬文戏"在上海站住了脚，开始招收女徒学艺，首批优秀女演员有筱兰珍、筱招娣、陈桂珍以及著名坤角小生金运贵。

女演员的增加，对扬剧的发展，起了重要作用，因为花鼓戏的唱腔只用丝弦伴奏，不用锣鼓，所以观众把维扬文戏叫做"小开口"。

虽然"小开口"是花鼓戏与清曲结合而成的一种表演形式，却不同于花鼓对子戏和清曲坐唱曲艺，从早期的只有一小面、一包头发展为"三包四面"，即三个丑、四个花旦，多角同台。

扬剧表演

"小开口"戏的内容大多为生活小戏，如《探亲相骂》《小上坟》《小放牛》《瞎子观灯》《王道士拿妖》《打城隍》之类。

后来，剧目从"两大两小"即《种大麦》《大烟自叹》《小尼姑下山》《小寡妇上坟》发展为情节复杂、人物众多的《分裙记》《孟姜女》《柳荫记》。

"小开口"曲调轻松活泼，委婉悠扬，主要有"大锣板""相思调""隔垛垛""青纱扇"等。

香火戏最初分内坛和外坛两种。内坛多演神话故事，如《目连救母》《秦始皇赶山塞海》等；外坛多演民间传说和历史故事。

扬州花鼓戏到上海演出的时候，香火戏也到了上海，在新民戏院首次演出时，改名为"维扬大班"，在民间也有不小的影响。

香火戏用锣鼓为伴奏乐器，曲调有"七字句""十字句""斗法调""七公调""娘娘腔""水瓶调"等，高亢质朴，粗犷雄壮，于是观众就把维扬大班俗称为"大开口"。

扬剧人物表演

当时，专演"大开口"的戏园相继开张，有闸北新民戏院、虹口庆长戏馆、太平桥同庆茶楼等。此外，安纳金路上的"维扬大舞台"也上演"大开口"，来上海演唱的艺人逐渐增多。

这时，上演剧目渐渐以世俗的家庭题材为主，如《琵琶记》《牙痕记》《合同记》《柳荫记》《三元记》，有"十戏九记"之说。

同时，化妆也有了发展，花旦用披纱包头并改穿戏衣，表演上

模仿京戏。

扬州清曲进入上海的年代，与香火戏相近，以说唱为主，最早到上海的清曲艺人常为上海富户人家的婚姻、寿诞一类喜事唱堂会。

香火戏和花鼓戏虽然各有不同的成长过程与特点，但语言是相同的，都讲扬州话，原来唱维扬大班的艺人改唱维扬文戏的较多；维扬文戏增添了武场锣鼓，维扬大班也采用丝弦伴奏。

在长期的演出实践中，两者互相吸引，慢慢融合在一起，并且不断吸收民歌小调和扬州清曲的优秀唱段，内容与形式日臻完美，终于正式合并，称为"维扬戏"，扬剧从此产生了。

同期，苏北香火戏和扬州花鼓戏艺人在上海同台合演的《十美图》，也是这个新剧种出现的标志。

扬剧的表演艺术，一方面继承本地乱弹和扬州民间的花鼓、香火、秧歌、杂耍、龙灯、麒麟唱、荡湖船等歌舞艺术传统，另一方面又从流行于扬州的弋阳

《孟姜女》 即民间流传的孟姜女哭长城的故事，是我国古代著名的民间传说，它以戏剧、歌谣、诗文、说唱等形式，广泛流传，可谓家喻户晓。孟姜女并不姓孟，"孟"为"庶长"的意思；"姜"才是其姓氏。

《目连救母》佛教故事，最早见于东汉初由印度传入我国的《佛说盂兰盆经》。故事叙述佛陀弟子目连拯救亡母出地狱的事。在我国流传甚广，曾经是无数图画及戏曲的题材。

腔、昆曲、徽调等戏曲声腔吸取养料。

扬剧的音乐属于联曲体。说到它唱腔刚柔并济的风韵，主要是蕴涵了花鼓戏曲调的轻绵细腻，香火戏曲调的阳刚粗犷，民歌的隽永清新以及清曲的情感多变。

扬剧的角色行当虽有生、旦、净、丑之分，但区别并不严格，演员戏路较宽，在唱腔上也只分男腔、女腔。各行当的表演多从昆剧、京剧借鉴吸收而来，但始终保持着花鼓戏朴素、活泼的特点，生活气息浓厚。扬剧一向重视丑行和旦行的表演，一丑一旦的传统剧目很多，由此形成了扬剧特有的喜剧风格。

扬剧音乐属于曲牌体，主要由花鼓戏音乐、香火戏音乐和扬州清曲、小唱三部分组成。

花鼓戏音乐包括种大麦调、磨豆腐调、探亲调、跌怀调等曲调，风格健康淳朴、生动活泼；香火戏音乐包括上字句、十字句、快板、船调、渔调等曲调，高亢粗犷，乡土气息浓郁；扬州清曲和扬州小唱包括满江红、叠落、侉侉调、梳妆台、剪剪花等曲调，行腔优美，典雅细腻，娓娓动听。

扬剧伴奏有文、武场之别，文场有主胡、正弓、琵琶、三弦、扬琴、笛、唢呐等，武场有板鼓、大锣、小锣、铙钹、堂鼓等乐器。

阅读链接

扬剧原名维扬戏，俗称扬州戏，流行于江苏省的扬州、镇江地区和安徽省的部分地区及南京、上海一带。

它以扬州民间歌舞小戏花鼓戏和苏北民间酬神赛会时由男巫扮演的香火戏为基础，吸收扬州清曲、地方民歌小调而最终成型。

1911年，苏北香火戏由扬州进入上海，改称"维扬大班"。1920年，扬州花鼓戏进入上海，改称"维扬文戏"。

20世纪30年代初，两种戏合并形成维扬戏，后简称扬剧。

两淮民间小戏"淮海戏"

淮海戏流行于苏北淮安、连云港市及徐州、盐城地区的部分城乡和皖东北一带。源出于海州、灌云、沭阳一带流行的"拉魂腔"。

淮海戏的产生有三种说法：

淮海戏表演

■ 淮海戏表演

一是清乾隆年间，山东历城唐大牛、唐二牛兄弟，因灾年饥荒，身背大鼓三弦，到沭阳一带卖唱乞讨，有邱、葛、杨姓3人从其学艺，播下淮海戏的种子。

二是200多年前，海州民间盛行"太平歌"和"猎户腔"两种民歌，当地邱、葛、杨三人加以改造，形成"怡心调"和"拉魂腔"，后三人分别去淮北和县南卖艺，逐渐形成今日的泗州戏、柳琴戏和淮海戏。

三是淮海戏源于秦腔，据清代李调元《雨村剧话》记载："秦腔始于秦州，盛于长安，流入晋、冀、鲁、豫至淮水止。"据此推断，淮海戏为秦腔一支，经融会徽剧、京剧和柳琴戏后而创立的新剧种。

清代乾隆年间，海州一带流行"太平歌""猎户腔"，后衍变为说唱民间故事的"打门头词"，因以三弦伴奏，又名"三刮调"。

至道光年间，开始打地摊演出"对子戏""三小戏"，女角均由男艺人扮演。"随身衣，就脚鞋"，化妆十分简陋。

后来，逐渐增添了一些本头戏，伴奏除三弦外，又增加了大锣、小锣、铙钹等；唱腔上形成了刚劲粗犷的男腔"金风调"、高亢远扬的女腔"二泛子"。

三弦 又称"弦子"，我国传统弹拨乐器。柄很长，音箱方形，两面蒙皮，弦3根，侧抱于怀演奏。音色粗犷、豪放。可以独奏、合奏或伴奏，普遍用于民族器乐、戏曲音乐和说唱音乐。

表演上，丑角脱胎于农村生活，创造了"鸡刨塘""麻雀跳"等步法身段；旦角注重跷功，在"扭"中形成了"耍手巾""耍扇子""推衫""投跟"等表演技巧。

1880年后，徽剧、京剧先后流入淮海地区，在交流中，迅速丰富和提高了小戏的表演艺术，出现了一大批一家班、同庄班、师徒班等班社，流传地区不断扩大，除淮海地区的10多个县、市外，并延伸至皖东北一带。

清代光绪末期，出现了第一代女艺人，后来行当发展齐全，分五角生，即小生、文堂生、老生、奸白、勾角；还有五角旦，即奶小旦、花旦、青衣、彩

■淮海戏表演

旦、老旦。两类十角。

当时小戏的服装、化妆、脸谱均由京剧引进；伴奏的皮三弦改为板三弦；剧目除自己原有的以外，又从京剧、徽剧、僮子戏、工鼓锣、小唱本移植改编，有了极大的丰富，号称有"三十二大本，六十四单出"。

同时，还形成两淮地区的东北和西南两大表演流派，东北艺人多以唱功闻名，西南艺人则以做功见佳。单维礼将刚劲的"金风调"转入低音区演唱，又吸收徽剧"哭腔"而衍变为"悲调"；葛兆田仿效工鼓锣唱法，创造了"小滚板""一挂鞭"，一气能唱二三十句。

而女艺人王大娘改女腔"二泛子"为"嗨嗨调"，把琴书、地方小调、工鼓锣等因素都融化其中，受到观众喜爱。同时表演动作也有了极大丰富与发展，女艺人赛蝴蝶、白蝴蝶及葛殿林之妻花蝴蝶，因动作花哨优美，被群众誉为"三蝴蝶"。

早期淮海戏形式简单，既没有艳丽配套的行头服装，更没有音部齐全的乐队。常见的，是地上放一张芦席作为舞台，一条长凳乐队坐着，观众围在四周。

演出时，一人可担任几个角色；手巾、扇子作为

■ 淮海戏表演

高胡 "高音二胡"的简称，又叫"粤胡"，广东又称"南胡"或"广东胡琴"，是广东音乐的常用乐器之一，根据二胡改制而成。高胡的琴筒由木头制成，音域为两个8度加一个纯5度。无论是在音色还是在表现力方面，都胜过二胡一筹。

道具，女的穿长裙，男的穿大褂，戴上自制的胡子，这些便是演员的全部扮装。

淮海戏唱腔明快豪爽，乡土气息浓厚，以板式唱腔为主，兼唱部分民间小调。男女同弦异腔，女腔以"好风光"为基本调，男腔以"东方调"为基本调。

此外还有：女腔"二泛子""串十字""双起腔""彩腔""八句子"；男腔"金凤调""龙门调""小丑调""童子调"及各种形式的弹唱等。伴奏乐器以板三弦和淮海高胡为主。

淮海戏长期扎根于人民群众中，不但能适应舞台演出，也能在街头、乡村"摆地摊"。它的音乐唱腔非常丰富，有浓郁的地方特色，群众喜闻乐见，城乡民众在行路、干活、休憩时都要哼唱淮海戏，成为本地群众文化生活中不可缺少的内容。

淮海戏的表演艺术有极其浓郁的乡土气息和丰富的民间色彩，具有独特艺术价值，如猪吊腰、鸡刨塘、野鸡溜、驴打滚、狗拜年、鳖爬走、脚尖走、膝盖走、鬼扯转、穿八字、矮步蹭等艺术表演形式，极其生动有趣。

阅读链接

淮海戏传统剧目有"32大本、64单出"之称。传统剧目以大、小、花、骂、关、记来分类。如"骂"字头的《骂灯》《骂鸡》；"关"字尾，有《雁门关》《北平关》；"花"字尾，有《大葵花》《小葵花》；"大"字头，有《大赶脚》《大隔帘》《大佛殿》；"小"字头的有《小赶脚》《小隔帘》《小书馆》《小金镯》《小玉杯》《小燕山》；"记"字尾，有《钥匙记》《药茶记》《金锁记》《空坟记》《金刀记》《琵琶记》《井泉记》《金钗记》《孝灯记》《罗鞋记》等。

细腻传神的泰兴木偶

扬州有木偶之乡的称誉，其杖头木偶与泉州的提线木偶、漳州的布袋木偶齐名，扬州木偶起源于泰兴县一带，代表剧目《嫦娥奔月》，人物形象生动，表演栩栩如生，注重把握人物的思想感情，以

木偶形象

"刚柔相济""细腻传神"而著称于世。

■ 木偶布袋戏

　　木偶戏，也称"傀儡戏"。春秋战国时称木偶为俑。始作丧家祭祀之用。以俑的外形，模仿人或兽的动态，经历了漫长的发展阶段，演化发展到傀儡戏。

　　史书记载，傀儡戏在唐代传至维扬地区。尤其是在泰兴民间演制木偶戏之风很盛，据考证，泰兴木偶最初是从安徽传过来的，那些帝王将相的传统戏都是唱徽词，也就是现在的京剧。

　　清代黄鼎铭《望江南百调》记载：

　　　扬州好，傀儡戏登场。凡事由人阴簸弄，此身枉自负昂藏。木偶也冠裳。

　　历史上，"泰兴木偶"的民间艺人们，在乡间走街串巷卖艺，吃尽了辛苦，人称"戏花子"。

　　清代末期，扬州的木偶戏达到空前繁荣。《扬州画舫录》中作了详细记载，郑板桥的《咏傀儡》更对

木偶　古代叫傀儡、魁儡子、窟儡子。用它来表演的戏剧叫木偶戏。木偶戏是由艺人操作木偶表演故事的一种戏曲形式。我国的木偶戏兴起于汉代，至唐代有了新的发展和提高，能用木偶演出歌舞戏。宋代是我国木偶戏发展的一个重要时期，木偶的制作工艺和操纵技艺进一步成熟。清代以后木偶戏进入全盛时期。

木偶指花戏

木偶戏刻画得惟妙惟肖：

笑尔胸中无一物，本来朽木制成身。

衣冠也学诗文辈，面貌能惊市井人。

得意哪知当局丑，旁观莫认戏场真。

纵教四体能灵动，不藉提撕不屈伸。

唱念做打 京剧表演的4种艺术手段，也是京剧表演的4项基本功。唱指歌唱，念指具有音乐性的念白，二者相辅相成，构成歌舞化的京剧表演艺术两大要素之一的"歌"，做指舞蹈化的形体动作，打指武打和翻跌的技艺，两者相互结合，构成歌舞化的京剧表演艺术两大要素之一的"舞"。

清代嘉庆年间，徽班晋京前齐聚扬州，迅速占领演出市场，朝廷下旨禁演"小戏"，木偶戏被迫转移至邻县县城和农村集镇。其中，杖头木偶戏转入到泰兴、泰县地区，在那里生根立足，繁荣昌盛。

木偶戏班多数是由家族成员组成，实行家传世袭的班主制。有时也雇用一些木偶艺人，这些艺人大多是半农半艺，农忙时种地，农闲时唱戏。

木偶戏班大多是在农家婚庆喜事、传统节日、迎神赛会时应招助兴。演出的场地不受限制。当时有些戏班子还优化组合到外地演出，在上海演出长达数月，很受上海老百姓喜爱。

当年在泰兴地区名气最响的是苏家班子。杖头木偶一直都是艺人躲在幕后表演，木偶戏所用乐器有京胡、二胡、鼓、锣、铙子等，唱念做打都是靠一个演员来完成。演员现场演唱，很是辛苦。

泰兴民间艺人心灵手巧，不但会表演木偶，更有精湛的制作手艺。包括木偶服装均是自行设计，请乡间裁缝缝制。

泰兴杖头木偶有"神像"和"人像"两大流派，在造型和表演方面各有特长。"神像"方头大耳，粗犷传神；"人像"细腻逼真，近似真人。

泰兴杖头木偶制作分3个历史阶段：一是个体艺人从事简单雕刻和复制民间木偶造型；二是家庭作坊将木雕、泥塑结合的复杂制作；三是制作集体以艺术创作为主，门类比较齐全。

"杖头木偶"全长有一米左右，又叫"托偶托戏"，还有一种更通俗的叫法为"三根棒"。

即一个木偶由3根棒组成，主棒支撑木偶头部，能控制耳、眼、鼻、嘴的闭合、张开、转动以及头颈上下左右的扭转；另两根棒操纵

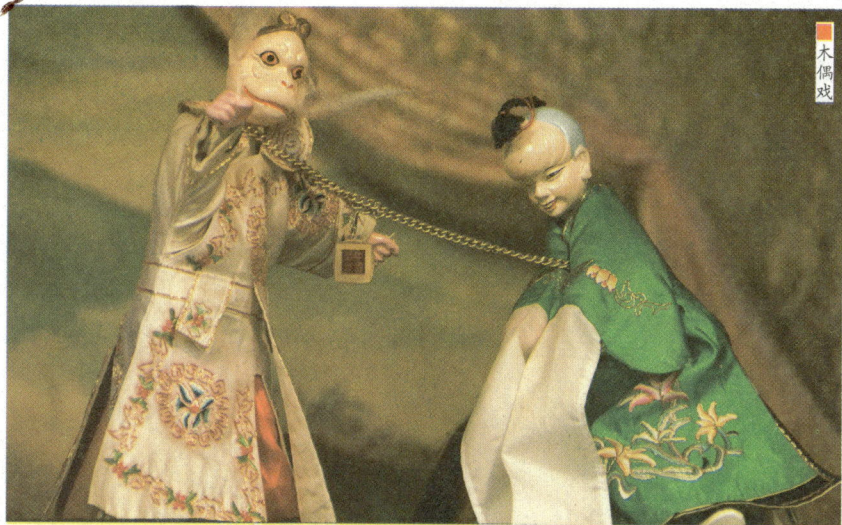

木偶戏

木偶人的双手，又称"手挑子"。

表演时，表演者两手能运用自如、灵活准确地把握手中的各种道具，被称为"手挑子"或"手扦子"。

"杖头木偶"又分为两种：一种是"枪把式"；另一种叫"直棍式"。比如前者是表现花旦柔美温柔的性格。后者是表现武生刚柔相济的特点。

泰兴木偶仿真感强，富有表现力，演出效果生动。过去，戏班在乡间演出，正式开演前，常加演"跳加官"等喜庆段子。随后演出由"主家"点选的戏目，以武戏为主，内容大多移植于戏剧。

木偶戏要求情节变化快，人物动作夸张，适合木偶表演，如《穆桂英大破天门阵》《水漫金山》《猪八戒招亲》等。有时，一台"晚会"，一出接一出的表演，从傍晚一直演到深夜。

清代扬州文人韩日华在《扬州画舫词》中感慨：

竹棚一带绿阴中，百货开场傀儡工。
莫道童心还昨日，而今头脑已冬烘。

可见，他对孩童时期观看木偶戏时的天真烂漫，念念不忘！

阅读链接

过去，扬州农村有几百家木偶表演团体，多数由家族成员组成，实行半农半艺，农忙时种地，农闲时表演。遇上农家婚庆喜事、迎神赛会时，应招助兴。

表演木偶戏，对场地要求宽松，场院、宅院、草坪上，随时可以围幕开演。技艺高超的表演者，约请不断，甚至能搭班子到上海献艺！不仅哄得孩子们如痴如醉，也能把老头老太看得手舞足蹈，欣喜若狂。

说唱兼备的扬州弹词

　　扬州弹词是以扬州方言为基础的弹词系统曲种。原名弦词。流行于江苏省扬州、镇江、南京和苏北里下河一带。

　　扬州弹词和扬州评话同出一流，弹词约始于明末清初，早期一人说唱，自弹三弦伴奏，故名"弦词"。

　　在清代初期，评话艺人往往兼工弦同，乾隆、嘉庆年代以后才逐

弹词表演

弹词表演

《白蛇传》 我
国四大民间传说
之一，又名《许
仙与白娘子》。
故事描述的是一
个修炼成人形的
白蛇精与凡人的
曲折爱情故事。
传说发生在宋朝
时的杭州、苏州
及镇江等地。流
传有多个版本，
但故事基本包括
借伞、盗仙草、
水漫金山、断
桥、雷峰塔、祭
塔等情节。

渐分开，清代中叶盛行期间，发展为双档演出，称为"对白弦词"，增添了琵琶伴奏。

扬州弹词表演以说表为主，弹唱为辅。其表演与评话大致相同，所不同者一是更加讲究字正腔圆，语调韵味；二是演示动作幅度更小，连手的动作都很少做，重在面部表情。

扬州弹词的说表多用扬州方言，起角色时也用外地"码头话"，以区别和刻画人物。双档演出，两人合作，以不同人物的口吻、声调对话。上手演员侧重叙述，唱曲大多由下手演员担任。

扬州弹词唱词安排在书词当中。常用曲牌有"三七梨花""琐南枝""沉水""海曲""道情"等，以羽调和商调居多。

其中又以"三七梨花"为最主要最基本的曲调，应该说，它是一支旋律优美、形态多姿、表现范围广、感情容量大的上品曲牌，曲调朴实典雅，古色古香，多年来少有变化，颇受观众欢迎。

扬州弹词唱词有代言体和叙事体，一般为3字句或7字句，可适当增减字，多为偶句押韵。伴奏"上、下手"协调默契，三弦弹骨架音，疏放雅朴，琵琶则润、密多变，跌宕绮丽，谓之"三弦骨头琵琶肉"。

扬州弹词的说白除要求掌握一般节奏外，还有快工、慢工、绕口之分，快工又名"推宝塔"，最为常用和难说。说白要求换气时不使人有停顿的感觉，必须做到"书断意不断，意断神不断"，"快而不乱，慢而不断"。

扬州弹词艺术表演形式相对简朴，但是表现手法丰富多样，技术上讲求"说、表、弹、唱"，表演注重说功和做功融合兼具。

尤其是长篇书目说表，有大场面描绘，有人物心理表述，大至千军万马，小至一草一木，各色人等皆由一人表现，不仅在众多人物之间跳进跳出，频繁转换，同时也在演员"表"和角色"说"中变换自如，既有表演者客观评述，又有角色的主观感受。

扬州早期的说书艺术家中，多有兼演评话与弦词的，如张敬轩、张捷三等对这两种艺术形式都有很高的造诣，因而两种艺术互相吸收、互相影响，共同提高。

以后扬州弹词形成三支主要流派。影响最大的是由张敬轩后裔张丽夫、张幼夫和其子侄张继青、张慧侬逐步形成的"张氏弹词"，擅演的书目为《珍珠塔》《倭袍记》《双金锭》《落金扇》，被誉为"张家四宝"。

另两派分别以周庭栋和孔庆元为代表。三门弹词，各成一派，兴于茶肆。后来，周孔两家相继失传，唯张氏弹词艺脉不断。

扬州弹词的传统书目有10多部，除张家四宝外，有影响的还有《玉蜻蜓》《白蛇传》《双珠凤》《双剪发》《大红袍》《黄金印》《白鹤图》等。

历史悠久的淮海锣鼓

淮海锣鼓又叫"工鼓锣""公鼓锣""淮海鼓书"。是徐州、淮阴、盐州、涟江地区历史悠久的曲种。

演出形式简单，不受时间场地限制，内容说古论今，歌颂民族英雄、爱国志士、忠臣良将。

淮海锣鼓源远流长，据传说清代乾隆、嘉庆年间就已经形成，其唱腔念白是淮海戏形成和发展的基础，与当地流行的淮北大鼓有一定的渊源关系。

琴书乐器

传说，淮海锣鼓的形成和大禹治水有关，因为史载禹的父亲鲧因治水失败，被处死于东海县羽山。

但据考证，大约在清代中叶，工鼓锣才形成了完整的说唱形式。清同治、光绪年间，在苏北地区极为盛行，不仅声名显著的艺人辈出，而且形成了不同的艺术以派，争奇斗妍。

工鼓锣属吟诵类曲艺，其声腔是在海州一带方言的基础上转化而来，带有似唱非唱、说唱相间的特点。唱腔淳厚质朴，说表丰富多彩，活跃在街前屋后，农家场院，极受苏北地区人民群众喜爱。

淮海锣鼓演唱形式简单，不用乐队，不置布景，也不需要化妆，道具只有一桌一凳一鼓一锣。主要是通过艺人的说唱渲染气氛，介绍人物，推进情节，叙述故事。

最让人回味最抓人心神的是说书者的"书帽儿"，又叫"小书头"。这是淮海锣鼓中的一种独特的演出习俗，在开正本之前，都要先唱一小段精彩的开篇。

其作用：一是为了等那些老观众，使前期观众能不断情节接头听书；二是因为淮海锣鼓艺人有此行规，据说不唱个小段会遭到师门上下及同道的斥责；三是为了向观众或行家亮嗓子，以此先声夺人。

演唱者按其演唱书目的情节发展，在说完一段后，其大多在书中主人公命运出现危机或处于重大变故的关键时刻作停顿，俗称"卖关子"。

一是为演唱者和听众提供瞬间休息；二为"拿

■ 大鼓戏的雕塑

卖关子 原指说书人说长篇故事，在说到紧要关头处中止，用来使听者处于悬念状态，不知下文如何分解或如何作出推断或结论，借以吸引听众继续往下听。后用以比喻在紧要关头故弄玄虚，以挟制对方。

淮北大鼓 诞生于淮北市濉溪县，自明末清初已具雏形。以唱为主，说为辅，唱腔高亢婉转，地方特色浓郁，多采用地方小调或吸收其他地方戏曲剧种曲调，语言诙谐幽默，深受淮北地区广大群众的喜爱。

签"，即由演出的组织者或招集人出面，或捧小锣，或用衣服的前襟到听众中筹集演出费，每人多少不等，根据各人意愿。还有的以粮代钱，每人或每户一瓢小麦等。

淮海锣鼓的演唱形式早期为两人演唱，各司锣、鼓。清代末年以后，方出现单人演唱。后来，逐渐改由单人演唱，演员自击锣鼓。

这种锣鼓都是特制的，小鼓高约6寸，直径不足4寸，鼓形很小，圆如球，旁有一对环，置于叉杆之上。锣较大，圆形，直径约7寸，面平，声响，无脐，跟其他锣不太一样，称"狮锣"。

淮海锣鼓唱词句式很多，变化较为自如。锣鼓点非常丰富，它因唱词的不同和情节的变化而变化多端。

淮海锣鼓的传统曲目多以历史故事和演义小说为内容，也有些吟花叹月的抒情小曲。其长篇有40多部，如：《东汉》《水浒》《封神演义》《意气图》《月唐》《说唐》《隋唐》等。短篇很多，除抒情小曲外，还演出一些摘自长篇的精彩片段。

阅读链接

淮海锣鼓的演唱艺人之多，听众之广是前所未有的。当年无论是在农村还是小城镇，不分男女，不分老少，绝大多数人都爱听书。这是因为当时的文化娱乐形式单一，老百姓的精神生活贫乏，所以大家都喜爱听唱书。

夏天庄稼人聚到晒场上或庭院中，边纳凉，边听书，好不快哉。尤其是冬闲时节，庄稼人更是不分白天夜晚，或二三十人，或五六十人，聚集在一起，在中间摆着一盆火，请一个唱书的连轴转，有时三五天，有时半个月，有时甚至一两个月，多少人听得如醉如痴，涕泪交流，真可谓听唱书落泪，替古人担忧。

淮味浓郁的淮海琴书

淮海琴书又名"坠子"，源于河南，变革创新并植根于淮海，流传于淮安及周边地区，是特有的"淮味"民间艺术品之一。淮海琴书以说唱见长，形式活泼，以音韵甜美著称，为人民群众喜闻乐见。

淮海琴书有600多年历史，来源于"打蛮琴"，正规的名称叫"苏北琴书"。它早就流行于淮安、徐州、宿迁、连云港、鲁南、皖北一带，是全国范围内流行较广的一大曲种。

淮海琴书第一个脚本取材于清代乾隆年间，江南蛮子罗三元运漕米进京，回来时路过山东临清，拐骗当地妇女，

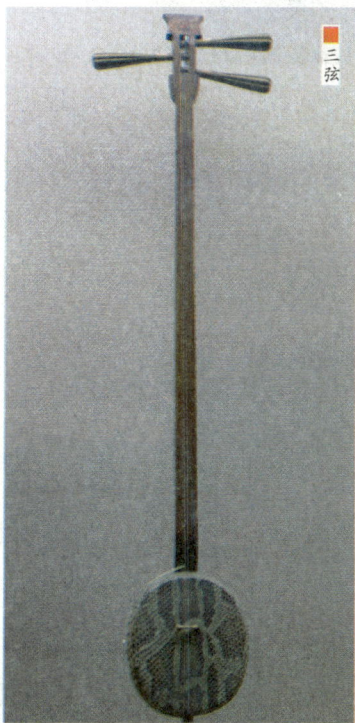

三弦

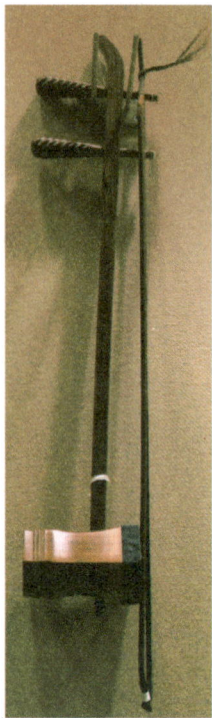
■ 二胡

坠胡 我国擦奏弦鸣乐器。主要流传于河南、山东一带，是河南曲剧、山东琴书、吕剧的主要伴奏乐器。坠胡琴筒状似四胡，但短而粗，用铜板或硬木制作，前口蒙蟒皮。琴杆和琴头似三弦。琴杆兼做指板。张两弦。除伴奏外，还用于合奏和独奏。

途径宿迁，事情败露，当地群众砸船救人的故事。

说书人把这个题材编成曲艺脚本，利用河南坠子，采用柳琴戏唱腔，最后逐渐演变成淮海琴书。

淮海琴书一般是"双档"演唱，多是一男一女，俗称为"死夹档子"，一人拉坠子，另一人敲琴打板。

有时也有单档演出的，只敲扬琴唱，或者是只拉坠子唱，用脚绑代板，有时采用多人演唱，则配以笛子、二胡、三弦等，大有戏曲演唱的风味，可谓是妙趣横生。

淮海琴书在长期的传播过程中，形成了独自的艺术特色。连云港地跨北方方言区和江淮方言区，由于艺人使用的方言不同，在传播过程中，遂又形成了南北两种具有不同演唱风格的流派。

属于北方方言语系的琴书艺人，其演唱风格以朴素见长，具有粗犷、豪放、刚烈、朴实等特点。

属于江淮方言语系的琴书艺人则以华丽见长，具有委婉、细腻、缠绵、柔软等特点。

因此，在艺人中有所谓的"侉""昂"扬琴之分，其中"昂"琴往往一个曲目由数个曲牌连缀而成，艺人称之为"九腔十八调七十二哼哼"。具有独特的韵味。

淮海琴书音乐，经过艺人几百年传承、创新，创造了许多优美的曲牌，如"百鸟朝凤曲"，演奏者凭借指功就能奏出婉转悠扬、悦耳动听的鸟鹊争鸣、鸡鸣狗吠，可谓是别具一格。

淮海琴书的伴奏乐器有：坠胡、扬琴、木板，主要乐曲有大八板、小八板、悲曲、过门。过门变化较大，随着演员的唱腔变化和情节变化，有长有短。

琴书伴奏乐的特点是伴奏时坠胡的上下把位滑动幅度大，尤其悲调伴随演员的唱腔催人泪下。

淮海琴书唱腔曲牌分为"滚板""抒情""喜调"和"悲调"等数种类型，不仅演唱者有喜怒哀愁的声调表情，在乐器的过门上也有明显的区分。

喜怒哀乐的唱腔和音乐相吻合，对剧中人的性格刻画有极大的渲染力，能唤起听众的共鸣。

淮海琴书演唱的一个特点是：乐器只伴奏过门，唱句中不采取音乐伴奏的方法，这样就保证了演唱吐出的字字句句全部清晰无干扰地送进听众耳朵，保证了演唱效果。留给听众的印象是入耳、入脑、好听、好记，深得广大听众的喜爱。

淮海琴书书目众多，而留传在江淮一带的主要有：《薛仁贵回窑》《秦琼卖子》《罗成大闹德州府》《王天宝戏妻》《李官保投亲》等。

阅读链接

作为淮海地区的一种独特民间文化，淮海琴书深受农村中老年人的喜欢。不论年老年幼者都会哼上两句，其唱词迭句押韵，语法句式错落对整，唱起来朗朗上口，经由唱书艺人世代相传下来的，具有悠久历史的艺术性。

在淮安农村，夏天的晚上是琴书最为兴盛的时节。人们喜欢聚集到固定的场所，坐在小板凳或柴席子上，摇着扇子，悠然自得地欣赏琴书。

独具特色的蚌埠风俗

  淮河自古是著名的船道，"平时重忌讳"是蚌埠淮河船民生活的一大特色。各帮忌讳有大同小异的，也有迥然不同的，这从船民们的日常生活中就能表现出来。

淮河两岸

比如船民在"排船"即造新船时，普遍认为前挡浪缝不能和后挡浪缝对接上，必须两缝破开，否则认为前舱进财，后舱就会流走，不吉利。

卖船时，首先是不卖跳板，否则就把自己生财的路子卖掉了。尤其不能卖"子孙门"，即正中舱门，不然就会无儿无女断了后代。

南河帮买猪头、马桶、锅等，不能直接从别人家船上经过，必须在水上漂过去或用自己家的划子划过去。拎油壶上别人的船，意味过湖常遇风暴，出不了湖面，"油"在"湖"里。

洗被、套被不能在别人船上晒、套，"被"谐音"背"，会使人家背时，不走运。船家不外借发面头，不借给别人火，怕自己家的"发势""旺火"被别人借走了。

大桅杆被称为"大将军"，不能在大桅杆附近解手。有的帮认为大桅杆住有白大仙、狐狸精，农历大年三十晚上，还特地敬"先生"。

大桅杆如果断了，则预示船上当家的将有大难临头。若遇此事，当家的即使磕头烧香许愿，仍然终日忧愁担心。

淮河船家认为针是戳财神爷眼睛的东西，每月农历初七、十七、二十七不能动针。又认为剪子是败家的乌龟，每月农历初六、十六、二十六不能动剪子。大年三十晚上，船上长辈总是叮嘱晚辈用红纸把剪子封起来，一直等到过了年十六以后才能开封使用。

■ 古船模型

"翻""沉"等音节，尤为船民忌讳。为此，姓陈的称为"掂不动"，"盛饭"为"装饭"，"帆"为"篷"，"翻舱"为"转舱"，"翻船折桅"为船家赌咒的最厉害语言。为了图吉利，把饺子称为"弯弯顺"，面条称为"钱串子"。

船上犯了"忌"，即被认为关闭了别人的财门、运气，必须由违反者给"开财门"，即放炮、烧香，或用红公鸡"挂红"。

雾阴天行船，遇到鲤鱼跳上船头，船家认为是龙王三太子临船，是吉祥兆头。于是磕头烧香，并在鲤鱼身上系红绳，按照左舷跳上来右舷放的规矩，把它重新放入水中，谓之"放生"。有的帮还常从集市买活鲤鱼放生。

作为各船帮本帮的标志，在船上升旗或木制鳌鱼。北河帮的旗称为"歪毛子"，南河帮称为"打洋棍"。旗子在船头，鳌鱼在船尾。各帮旗子颜色、规格各不相同，高的旗杆在12米以上。

别的帮拉纤必须从大旗底下经过，否则被认为是对该帮不敬。往往一帮船在一起，旗子飞舞，猎猎有声，十分壮观。

元宝 贵重的黄金或白银制成，一般白银居多。在唐代就有使用白银支付买马的大笔数额款项的记录，并发现有银制的"饼"和"铤"，也就是仰面似船，伏面似桌的船形"银铤"。把"银铤"称为"元宝"始于元代。

淮河各船帮还各有自己的护船神。山东帮、苏北帮以"老灌"为护船神，在大桅杆石梁上靠左有一个元宝式香炉，终年敬香，愿其看家护船。南河帮、黄河帮等多敬"大王爷"，沿淮乡镇多有船民捐助的大王庙。

这些帮各船每月农历初一、十五早升晚落"大王旗"，遇难祈求大王保佑。过春节时，敬大王更为这帮船家的一大仪式。

大王爷是何物？

据说是一种小于7寸的小蛇，蛇头呈方形，常在雾阴天跟着拖把上船，只有这样小的尺寸，在这个时期上船的蛇才被称为"大王爷"。

大王爷上船也是船家一大喜事。船家发现后，即用一个洁净盘子，把大王爷请上去，并用马灯罩子罩

161

文化之光

艺苑风采

■ 古代帆船模型

■ 古代帆船

风水 本为相地
之术。相传风水
的创始人是九天
玄女，比较完善
的风水学问起源
于战国时代。风
水的核心思想是
人与大自然的和
谐，早期的风水
主要关乎宫殿、
住宅、村落、墓
地的选址、坐
向、建设等，是
选择合适的地方
的一门学问。

起来。然后敲锣打鼓，烧香放炮，手捧大王爷，乘着划子到邻近船上告知，各船纷纷捐献香表。

最后，众船家跟随上大王庙去"送大王爷"，即在湖中无庙处，在船头送大王爷于水中。

传说，在送大王爷时，如在大王爷旁喊："大王爷换袍。"就可看见大王爷变为黑色、红色或花色。

船民们一般生育子女较多，长成人的却不多，多因疾病、掉河而夭折。为了保护这些幼小的后代，船上形成一套育儿规则，从小男孩留辫子、留胎毛，直至6岁或12岁时才剃去。

小孩3岁时，用红布做成3米多长的宽布带，称为"龙头带"。一头系在船舱上，一头做成像如今保险带模样系在小孩身上，防止掉入水里。

四五岁时给小孩背红漆大丫葫芦，并带有响铃，万一掉入水中，可不沉底，便于发现、抢救。

逢年遇节，家长常挨船要点米或面，讨一些各色布头，为孩子做"百家饭""百家衣"。小孩吃了"百家饭"，穿了"百家衣"，意为百家所养，能够健康长寿。

老人去世入棺后，特别注重下葬的风水，一般请风水先生看好风水地后，就近埋葬。有时为了寻到好风水，密封好的棺材能在船上放三四年。

活船是农历大年三十晚上全船人员的一次集体活动。活船不是真的把船划动。活船开始，先敲开舱锣，把船舱板摞起来。然后由一人打号子，众人一边打"呀呀哟"号子，一边用脚使劲在船上蹦跳。

活船领号人手拉锚链子抖动，并唱："金丝锚链一大拃，老君炉里是它家，今日落在艄公手，老龙头上提一把。"有的唱："一道黄河九道弯，头道没有二道宽，三道弯里能跑马，四道弯里能行船……"

平时，船家爱船如命，此时此刻，却怕号子不高，船板踩得不响。许多船在一起，活船的欢唱声、蹦跳声，此起彼伏，形成了船家过春节的一种独特景致。

船民长期的水上生活，使船民形成了一套观察风雨的经验，基本保存在谚语中。

如"西风不过晌，过

春节 俗称"过年"，是我国民间最隆重最富有特色的传统节日，也是最热闹的一个古老节日之一。在春节期间，我国的汉族和很多少数民族都要举行各种活动以示庆祝。这些活动均以祭祀神佛、祭奠祖先、除旧布新、迎禧接福、祈求丰年为主要内容。活动丰富多彩，带有浓郁的民族特色。

■ 古代帆船模型

古代帆船模型

晌跟着太阳长",意为早晨刮西风时，一般不到中午即停，如果中午后不停，则到太阳西落越刮越大。

"南风腰里硬，越刮越有劲"，意为刮南风时，越刮越有劲；"星星带水，就要下雨"，即是星星呈雾蒙蒙状。夏天天气燥热，蠓虫、蛾子扑灯火，表示马上就要起风。陶制盐罐子外边出汗，表示马上要下雨。

还有"三月三，九月九，无事不打江上走"，传说在这两个日子，天上神仙举行会议，各路神仙带风赴会，因而人间多刮大风。再如"五月二十五，老龙探母""七月七，牛郎会织女"，意为母子相见，夫妻重逢，多欣喜落泪，泪珠坠入人间化为大雨。

阅读链接

船民春节有照船的习俗。

大年三十儿早晨，船民们争先起早，据说谁起得早，谁就能遇到财神爷。当家的起床后，首先点着一个火把，沿船四周走一遍，意为用火驱赶晦气，怕邪气附在船上不吉利，又名"燎船"。挂红是继燎船后的又一个仪式。

挂红不单大年三十儿进行，平时犯了忌讳，也采取此法赔罪。挂红用一只单冠、翘尾、无一根杂毛的红公鸡，先磕头烧香烧黄表纸，然后把挂红的鸡在船头杀了，用公鸡血直接在船前挡浪板上往下沥，意为开了财门，走红运。

鸡血在前挡浪板上沥的血迹越长，船民越高兴，认为在新年里能够多做长途好生意，发大财。

中华精神家园书系

建筑古蕴

壮丽皇宫：三大故宫的建筑壮景
宫殿怀古：古风犹存的历代华宫
古都遗韵：古都的厚重历史遗韵
千古都城：三大古都的千古传奇
王府胜景：北京著名王府的景致
府衙古影：古代府衙的历史遗风
古城底蕴：十大古城的历史风貌
古镇奇葩：物宝天华的古镇奇观
古村佳境：人杰地灵的千年古村
经典民居：精华浓缩的最美民居

古建之魂

千年名刹：享誉中外的佛教寺院
天下四绝：佛教的海内四大名刹
皇家寺院：御赐美名的著名古刹
寺院奇观：独特文化底蕴的名刹
京城宝刹：北京内外八刹与三山
道观杰作：道教的十大著名宫观
古塔瑰宝：无上玄机的魅力古塔
宝塔珍品：巧夺天工的非常古塔
千古祭庙：历代帝王庙与名臣庙

古建溢馨

天下祭坛：北京祭坛的绝妙密码
祭祀庙宇：香火旺盛的各地神庙
绵延祠庙：传奇神人的祭祀圣殿
至圣尊崇：文化浓厚的孔孟祭地
人间天宫：非凡造诣的妈祖庙宇
祠庙典范：最具人文特色的祭祠
绝代王陵：气势恢宏的帝王陵园
王陵雄风：空前绝后的地下城堡
大宅揽胜：宏大气派的大户宅第
古街韵味：古色古香的千年古街

古建风雅

皇家御苑：非凡胜景的皇家园林
非凡胜景：北京著名的皇家园林
园林精粹：苏州园林特色与名园
秀美园林：江南园林特色与名园
园林千姿：岭南园林特色与名园
雄丽之园：北方园林特色与名园
亭台情趣：迷人的典型精品古建
楼阁雅韵：神圣典雅的古建象征
三大名楼：文人雅士的汇聚之所
古建古风：中国古典建筑与标志

文化遗迹

远古人类：中国最早猿人及遗址
原始文化：新石器时代文化遗址
王朝遗韵：历代都城与王城遗址
考古遗珍：中国的十大考古发现
陵墓遗存：古代陵墓与出土文物
石窟奇观：著名石窟与不朽艺术
石刻神工：古代石刻与文化艺术
岩画古韵：古代岩画与艺术特色
家居古风：古代建材与家居艺术
古道依稀：古代商贸通道与交通

物宝天华

青铜时代：青铜文化与艺术特色
玉石之国：玉器文化与艺术特色
陶器寻古：陶器文化与艺术特色
瓷器故乡：瓷器文化与艺术特色
金银生辉：金银文化与艺术特色
珐琅精工：珐琅器与文化之特色
琉璃古风：琉璃器与文化之特色
天然大漆：漆器文化与艺术特色
天然珍宝：珍珠宝石与艺术特色
天下奇石：赏石文化与艺术特色

古迹奇观
玉宇琼楼：分布全国的古建筑群
城楼古景：雄伟壮丽的古代城楼
历史开关：千年古城墙与古城门
长城纵览：古代浩大的防御工程
长城关隘：万里长城的著名关卡
雄关漫道：北方的著名古代关隘
千古要塞：南方的著名古代关隘
桥的国度：穿越古今的著名桥梁
古桥天姿：千姿百态的古桥艺术
水利古貌：古代水利工程与遗迹

山水灵性
母亲之河：黄河文明与历史渊源
中华巨龙：长江文明与历史渊源
江河之美：著名江河的文化源流
水韵雅趣：湖泊瀑布与历史文化
东岳西岳：泰山华山与历史文化
五岳名山：恒山衡山嵩山的文化
三山美名：三山美景与历史文化
佛教名山：佛教名山的文化流芳
道教名山：道教名山的文化流芳
天下奇山：名山奇迹与文化内涵

自然遗产
天地厚礼：中国的世界自然遗产
地理恩赐：地质蕴含之美与价值
绝美景色：国家综合自然风景区
地质奇观：国家自然地质风景区
无限美景：国家自然山水风景区
自然名胜：国家自然名胜风景区
天然生态：国家综合自然保护区
动物乐园：国家动物自然保护区
植物王国：国家保护的野生植物
森林景观：国家森林公园大博览

西部沃土
古朴秦川：三秦文化特色与形态
龙兴之地：汉水文化特色与形态
塞外江南：陇右文化特色与形态
人类敦煌：敦煌文化特色与形态
巴山风情：巴渝文化特色与形态
天府之国：蜀文化的特色与形态
黔风贵韵：黔贵文化特色与形态
七彩云南：滇云文化特色与形态
八桂山水：八桂文化特色与形态
草原牧歌：草原文化特色与形态

东部风情
燕赵悲歌：燕赵文化特色与形态
齐鲁儒风：齐鲁文化特色与形态
吴越人家：吴越文化特色与形态
两淮之风：两淮文化特色与形态
八闽魅力：福建文化特色与形态
客家风采：客家文化特色与形态
岭南灵秀：岭南文化特色与形态
潮汕之根：潮州文化特色与形态
滨海风光：琼州文化特色与形态
宝岛台湾：台湾文化特色与形态

中部之魂
三晋大地：三晋文化特色与形态
华夏之中：中原文化特色与形态
陈楚风韵：陈楚文化特色与形态
地方显学：徽州文化特色与形态
形胜之区：江西文化特色与形态
淳朴湖湘：湖湘文化特色与形态
神秘湘西：湘西文化特色与形态
瑰丽楚地：荆楚文化特色与形态
秦淮画卷：秦淮文化特色与形态
冰雪关东：关东文化特色与形态

节庆习俗
普天同庆：春节习俗与文化内涵
张灯结彩：元宵习俗与彩灯文化
寄托哀思：清明祭祀与寒食习俗
粽情端午：端午节与赛龙舟习俗
浪漫佳期：七夕节俗与妇女乞巧
花好月圆：中秋节俗与赏月之风
九九踏秋：重阳节俗与登高赏菊
千秋佳节：传统节日与文化内涵
民族盛典：少数民族节日与内涵
百姓聚欢：庙会活动与赶集习俗

民风根源
血缘脉系：家族家谱与家庭文化
万姓之根：姓氏与名字号及称谓
生之由来：生庚生肖与寿诞礼俗
婚事礼俗：嫁娶礼俗与结婚喜庆
人生遵俗：人生处世与礼俗文化
幸福美满：福禄寿喜与五福临门
礼仪之邦：古代礼制与礼仪文化
祭祀庆典：传统祭典与祭祀礼俗
山水相依：依山傍水的居住文化

衣食天下
衣冠楚楚：服装艺术与文化内涵
凤冠霞帔：佩饰艺术与文化内涵
丝绸锦缎：古代纺织精品与布艺
绣美中华：刺绣文化与四大名绣
以食为天：饮食历史与筷子文化
美食中国：八大菜系与文化内涵
中国酒道：酒历史酒文化的特色
酒香千年：酿酒遗址与传统名酒
茶道风雅：茶历史茶文化的特色

国风美术
丹青史话：绘画历史演变与内涵
国画风采：绘画方法体系与类别
独特画派：著名绘画流派与特色
国画瑰宝：传世名画的绝色魅力
国风长卷：传世名画的大美风采
艺术之根：民间剪纸与民间年画
影视鼻祖：民间皮影戏与木偶戏
国粹书法：书法历史与艺术内涵
翰墨飘香：著名书法名作与艺术
行书天下：著名行书精品与艺术

汉语之源
汉语源流：汉字汉语与文章体类
文学经典：文学评论与作品选集
古老哲学：哲学流派与经典著作
史册汗青：历史典籍与文化内涵
统御之道：政论专著与文化内涵
兵家韬略：兵法谋略与文化内涵
文苑集成：古代文献与经典专著
经传宝典：古代经传与文化内涵
曲苑音坛：曲艺说唱项目与艺术
曲艺奇葩：曲艺伴奏项目与艺术

博大文学
神话魅力：神话传说与文化内涵
民间相传：民间传说与文化内涵
英雄赞歌：四大英雄史诗与内涵
灿烂散文：散文历史与艺术特色
诗的国度：诗的历史与艺术特色
词苑漫步：词的历史与艺术特色
散曲奇葩：散曲历史与艺术特色
小说源流：小说历史与艺术特色
小说经典：著名古典小说的魅力

歌舞共娱

古乐流芳： 古代音乐历史与文化
钧天广乐： 古代十大名曲与内涵
八音古乐： 古代乐器与演奏艺术
鸾歌凤舞： 古代大曲历史与艺术
妙舞长空： 舞蹈历史与文化内涵
体育古项： 体育运动与古老项目
民俗娱乐： 民俗运动与古老项目
刀光剑影： 器械武术种类与文化
快乐游艺： 古老游艺与文化内涵
开心棋牌： 棋牌文化与古老项目

科技回眸

创始发明： 四大发明与历史价值
科技首创： 万物探索与发明发现
天文回望： 天文历史与天文科技
万年历法： 古代历法与岁时文化
地理探究： 地学历史与地理科技
数学史鉴： 数学历史与数学成就
物理源流： 物理历史与物理科技
化学历程： 化学历史与化学科技
农学春秋： 农学历史与农业科技
生物寻古： 生物历史与生物科技

文化标记

龙凤图腾： 龙凤崇拜与舞龙舞狮
吉祥如意： 吉祥物品与文化内涵
花中四君： 梅兰竹菊与文化内涵
草木有情： 草木美誉与文化象征
雕塑之韵： 雕塑历史与艺术内涵
壁画遗韵： 古代壁画与古墓丹青
雕刻精工： 竹木骨牙角匏与工艺
百年老号： 百年企业与文化传统
特色之乡： 文化之乡与文化内涵

杰出人物

文韬武略： 杰出帝王与励精图治
千古忠良： 千古贤臣与爱国爱民
将帅传奇： 将帅风云与文韬武略
思想宗师： 先贤思想与智慧精华
科学鼻祖： 科学精英与求索发现
发明巨匠： 发明天工与创造英才
文坛泰斗： 文学大家与传世经典
诗神巨星： 天才诗人与妙笔华篇
画界巨擘： 绘画名家与绝代精品
艺术大家： 艺术大师与杰出之作

戏苑杂谈

梨园春秋： 中国戏曲历史与文化
古戏经典： 四大古典悲剧与喜剧
关东曲苑： 东北戏曲种类与艺术
京津大戏： 北京与天津戏曲艺术
燕赵戏苑： 河北戏曲种类与艺术
三秦戏苑： 陕西戏曲种类与艺术
齐鲁戏台： 山东戏曲种类与艺术
中原曲苑： 河南戏曲种类与艺术
江淮戏话： 安徽戏曲种类与艺术

千秋教化

教育之本： 历代官学与民风教化
文武科举： 科举历史与选拔制度
教化于民： 太学文化与私塾文化
官学盛况： 国子监与学宫的教育
朗朗书院： 书院文化与教育特色
君子之学： 琴棋书画与六艺课目
启蒙经典： 家教蒙学与文化内涵
文房四宝： 纸笔墨砚及文化内涵
刻印时代： 古籍历史与文化内涵
金石之光： 篆刻艺术与印章碑石

悠久历史

古往今来： 历代更替与王朝千秋
天下一统： 历代统一与行动韬略
太平盛世： 历代盛世与开明之治
变法图强： 历代变法与图强革新
古代外交： 历代外交与文化交流
选贤任能： 历代官制与选拔制度
法治天下： 历代法制与公正严明
古代税赋： 历代赋税与劳役制度
三农史志： 历代农业与土地制度
古代户籍： 历代区划与户籍制度

信仰之光

儒学根源： 儒学历史与文化内涵
文化主体： 天人合一的思想内涵
处世之道： 传统儒家的修行法宝
上善若水： 道教历史与道教文化

梨园谱系

苏沪大戏： 江苏上海戏曲与艺术
钱塘戏话： 浙江戏曲种类与艺术
荆楚戏台： 湖北戏曲种类与艺术
潇湘梨园： 湖南戏曲种类与艺术
滇黔好戏： 云南贵州戏曲与艺术
八桂梨园： 广西戏曲种类与艺术
闽台戏苑： 福建戏曲种类与艺术
粤琼戏话： 广东戏曲种类与艺术
赣江好戏： 江西戏曲种类与艺术

传统美德

君子之为： 修身齐家治国平天下
刚健有为： 自强不息与勇毅力行
仁爱孝悌： 传统美德的集中体现
谦和好礼： 为人处世的美好情操
诚信知报： 质朴道德的重要表现
精忠报国： 民族精神的巨大力量
克己奉公： 强烈使命感和责任感
见利思义： 崇高人格的光辉写照
勤俭廉政： 民族的共同价值取向
笃实宽厚： 宽厚品德的生活体现

历史长河

兵器阵法： 历代军事与兵器阵法
战事演义： 历代战争与著名战役
货币历程： 历代货币与钱币形式
金融形态： 历代金融与货币流通
交通巡礼： 历代交通与水陆运输
商贸纵观： 历代商业与市场经济
印纺工业： 历代纺织与印染工艺
古老行业： 三百六十行由来发展
养殖史话： 古代畜牧与古代渔业
种植细说： 古代栽培与古代园艺

强健之源

中国功夫： 中华武术历史与文化
南拳北腿： 武术种类与文化内涵
少林传奇： 少林功夫历史与文化